相続前　相続後　申告・納期限経過後

の3段階からみる

相続と税の実務に関する32ポイント

税理士　岡田俊明

日本加除出版株式会社

はじめに

　納税者にとって税法が難解なのはいまさら言うまでもない。だから税理士制度が存在するのだと断じる人さえいる。しかし，税理士にとっても税法が難解なのは変わらない。

　例えば，税理士職業賠償責任保険があるが，税理士（税理士法人）の業務に起因して保険期間中に日本国内で損害賠償請求を受け，法律上の賠償責任を負担したことにより被る損害について，保険金を支払うものである。その保険給付内容をみると，届出書などの提出期限のミスを原因とした損害というものがかなりを占めている。期限とか期間などは国税通則法や各税法に定められているものであり，税理士の基本的なスキルだと考えられるが，現実はこうなのである。

　筆者は，エヌピー通信社が税理士向けに刊行する「税理士新聞」の『税論卓説』というコーナーを監修してきた。このコーナーは，初期には「スペシャリストからプロフェッショナルへ」とのサブタイトルが付されていて，税理士というプロに考えておいてもらいたい，あるいは知っておいてもらいたいテーマを毎回設定して問題提起をしてきた。すでに旬刊の新聞で240回を数えている。今回，その中から，相続税に関するものを中心にまとめて出版するという機会を得た。もともと税理士向けに書いたものではあるが，一般読者にも十分に参考となると思われるので，なるべく専門用語は避けつつ記述を心掛けたつもりである。

　本書は，相続をめぐる3つのシーンごとに分けて32のポイントで構成した。すなわち，相続前，相続後，そして申告・納期限経過後のそれぞれの時期に考えるべきこと，判断すべきことをまとめている。本書は体系書ではないので，被相続人が生前に考えるべき相続対策や相続税対策を整理しているわけではなく，また相続発生後の諸問題を網羅しているわけでもない。しかし，もともと税理士向けに書いたものであるから，一般の方々が知るような事例は取り上げていない。ということは，プロが思い至らないポイント，プロが陥りやすいポイントを指摘していることから，税理士などの専門家には重宝する内容が盛りだくさんである。したがって，一般の方々

はじめに

にも，これは読んでおくべき1冊となることは間違いない。加えて，32のコラムをとおして，相続税だけではなく，税金一般をめぐる諸問題に切り込んでいる。この点でも，相当な専門知識を得られる書籍であると思う。

相続税法の改正で，基礎控除が引き下げられた。結果，相続税の申告件数が実際に増えている。相続税セミナーが各地で催されており，税理士向けの高額なセミナーに足を運んだ方々もおられよう。法改正のあった平成25年当時は，亡くなった方のうち申告割合は4.7％だったのが6％に跳ね上がるといわれた。3割近い増加見込みである。しかし，実際には，平成28年の数字では被相続人数約131万人で課税割合は8.1％と，予測を上回る結果である。東京でみるとこれが，12.8％にもなる。相続税申告は，納税額ゼロ円でも申告義務がある場合があり，申告割合でいえばさらに高い数値となる。東京23区でみると，23.7％となり，上位の区では亡くなった方の40％〜50％が申告する状況にある。地価の高さが反映している。

2018年7月には，民法相続編の40年ぶりの大改正があった。それを受けての相続税法の改正も今後見込まれる。相続と相続税が変わりつつあることを考えると，関心も高まらざるを得ない。

本書が，このような時期に発刊されることには意義があると思う。ベテランの税理士でも，うっかりということがないではないから，「落とし穴」に落ちることがないよう，実務上の注意点についての記述にも配意した。一般の読者にも，そして税理士にとっても本書が役立つことを願っている。執筆者は，総勢14名の税理士・弁護士・大学教授である。こうした方々の協力で税理士新聞の記事が書き継がれ，本書に結実したことを特に記しておきたい。

最後に，本書の出版の話は，実は「典型契約の税法務──弁護士のための税法×税理士のための民法」（日本加除出版株式会社，2018）という弁護士と税理士向けの本の出版パーティの席で，担当された編集者である前田敏克氏からこの話が降って湧いたものである。結局，同氏に多大な負担とご迷惑をおかけすることになってしまった。本書が無事出版にこぎつけることができたのなら，すべてが同氏のご尽力によることを付して，感謝の言葉としたい。

2019年4月

税理士　岡田　俊明

目　次

―――――― **第1章　相続前** ――――――

Point 1　税理士は相続にどう対応するか
　相続税の税務相談や申告書類作成などの業務は，扱う金額が多額になることから，受ける報酬よりも後日の税務調査対応を含め多額の追徴税額の発生などのリスクの大きさから受任を敬遠する方もいると聞きます。税理士は，相続にどう対応すべきものでしょうか。……… 2
コラム　確定申告は，義務か，権利か―申告権再考 ………………… 5

Point 2　相続税の基本の基本
　相続税の申告の依頼がありました。経験がないので相続税の基本的なことを教えていただけますか。………………………………… 6
コラム　税理士と弁護士の連携 …………………………………… 9

Point 3　民法改正と税法
　近年，民法の大きな改正が相次いでいます。平成29年5月に民法制定後約120年間ほとんど改正がなされていなかった債権法が，平成30年7月に昭和55年以来実質的な見直しがなされていなかった相続法が改正されました。税理士はどのような対応をすべきでしょうか。 … 10
コラム　収入印紙をめぐる疑問 …………………………………… 13

Point 4　租税回避目的の養子縁組
　　　　―課税減免要件を充足させる租税回避―
　最高裁で租税回避目的の養子縁組の事件について判決（最判平成29.1.31民集71-1-48）が言い渡されました。租税回避とはどういうものなのでしょうか。………………………………………………… 14
コラム　居住者と非居住者の課税関係 …………………………… 17

iii

Point 5　新しい事業承継税制　税理士剝がし対策
事業承継税制を適用してくれない税理士事務所を切って，金融機関が紹介する税理士に依頼させるような"税理士剝がし"ということがあると聞きましたが，何か対策はありますか。 …………………… 18
コラム　期限・期間のはなし ………………………………………… 21

Point 6　新しい事業承継税制　改正のポイント
2018年4月から，新しい事業承継税制が適用されていますが，そのポイントを教えてください。 ……………………………………… 22
コラム　ハンコを押し忘れた申告書 ………………………………… 25

Point 7　新しい事業承継税制
　　　　　事業承継税制を適用できる会社のタイプ
新しい事業承継税制の適用を検討しているのですが，不動産貸付業の会社は，適用できないと聞いたのですが，どのような会社が適用できるのですか。 ……………………………………………………… 26
コラム　必要経費のはなし …………………………………………… 29

Point 8　民事信託　相続対策のための不動産管理信託
相続対策のために，不動産管理信託を受益者連続型信託として組成することを，司法書士の先生から勧められました。税務上，注意しておくことはありますか。 …………………………………………… 30
コラム　政治家の税金 ………………………………………………… 33

Point 9　民事信託　不動産管理信託における受益権価額評価
「受益者連続型信託」の受益者の変更に伴う相続税の課税価格とその課税の取扱いは，どのように，理解すればよいでしょうか。 …… 34
コラム　書面はいつまでに送らなければならないか ……………… 37

Point 10　民事信託　生活介護型民事信託の課税
高齢者の終活に当たり，成年後見制度よりも生活介護型民事信託制度が注目されてきていますが，この信託のメリットと税務の取扱いを教えてください。 ……………………………………………………… 38
コラム　領収書と印紙税 ……………………………………………… 41

Point 11　財産分与と被分与者の税金
　女性の顧客から，10年前に離婚した時，夫から不動産を財産分与してもらったのですが，近々それを売りたいという相談がありました。どのような点に注意したらよいでしょうか。……… 42
コラム　夫婦の財産 ……………………………………………… 45

Point 12　家財道具や書画，こっとうを売った場合の税金
　一人暮らしの高齢のご婦人から，そろそろ終活として，身辺整理をしたいと相談がありました。具体的には所有する不要な家財道具や書画こっとう品を売却処分したいということでした。売った場合の税金はどうなるのでしょうか。………………………………………… 46
コラム　お尋ね文書は回答しなければならないか ……………… 49

Point 13　負担付贈与の評価額　通達をめぐる判断
　　　　　―時価か，相続税評価額か―
　負担付贈与の際の財産の評価額は時価判断するという考え方と相続税評価額という考え方があると伺いました。インターネットのQ＆Aや税務署に尋ねると時価判断だという考え方を示しているように思えます。やはり時価判断が正解なのでしょうか。……………… 50
コラム　脱税は何年遡及できるか ………………………………… 53

Point 14　無利息の有利な融資に贈与税がかかる？
　先日，取引先の会社の会長からタワーマンションの購入資金1億7,000万円を無利子で融資してあげようと申出をいただきました。たいへんうれしいのですが，他人である私がこんな有利な条件で融資をしていただいてよいのだろうかと不安になりました。税務面では何か問題があるでしょうか。……………………………………………… 54
コラム　更正の予知とは何か，そしていつのことか …………… 57

――――――――― 第2章　相続後 ―――――――――

Point 15　見落としがちな相続税と生命保険の関係
　生命保険契約者である父が死亡した後に，被保険者である長男が死亡しました。指定受取人である母に保険金が全額支給されましたが，

課税関係はどうなるでしょうか。保険契約者の権利の相続は未分割のままで，父の相続人は母と長男と長女の私です。
　また，生命保険と相続税について注意すべき点なども教えてください。 …………………………………………………………………………… 60
コラム　税金の分納と税理士 ……………………………………………… 63

Point 16　借地権は存在するのか
亡父が住んでいた借地に課税されるという騒ぎが起きました。実質的には相当老朽化した建物であり，継続利用は困難な状態の借地で，相続人も居住する予定がないため地主に返還する予定です。それでも課税はされるのでしょうか。 ……………………………………………… 64
コラム　更正を予知しないでした修正申告書—税務調査前の申告見直しの知恵— …………………………………………………………………… 67

Point 17　路線価を疑え！
相続税の計算で，土地の評価の際に用いる「路線価」について教えてください。 …………………………………………………………………… 68
コラム　提出した申告書は撤回できるか ………………………………… 71

Point 18　「がけ地」を含む宅地の評価
相続財産である父（被相続人）の自宅は約40年前に父が土地を購入して自宅を建て住んでいました。すでに相続人は独立して別の家に住んでいるため，その家に戻る予定はなく「家なき子」特例の対象になりません。最初に相談した税理士によれば相続税評価額は5,000万円近い金額であったのですが，売却を考えて不動産仲介業者に相談すると，がけ地があり高くても3,000万円が相場であると査定されました。この金額の差を税理士に伝えても通達ではこうなると言われました。どうして時価と大きく乖離するのか納得がいきません。 …… 72
コラム　節税と脱税，そして「租税回避」 ……………………………… 75

Point 19　新しい事業承継税制
　　　　　　切替手続と届出書類等の提出ミス防止体制
贈与による事業承継税制の適用を受けている場合，先代経営者が死亡した場合の手続について，教えてください。届出書等の提出に当たり，その提出ミスを防ぐ方法も説明してください。 ………………… 76
コラム　続・ハンコの話 …………………………………………………… 79

目次

Point 20　有料老人ホーム入居一時金の返戻金とあいまい遺言
相続における有料老人ホームの入居一時金についての取扱いを教えて下さい。 ……………………………………………………………… 80
コラム　予測可能性をすり抜ける調査の横行 …………………… 83

Point 21　遺産分割調停／審判のイメージとデータ
遺産分割調停はどのような場所でどのように進められるのでしょうか。また，どのような場合に審判が行われるのでしょうか。 ……… 84
コラム　更正の理由附記の不備と違法性 ………………………… 87

Point 22　遺産分割協議が調わないときの相続税の手続
　　　　―今後の手続を予見して準備に当たる―
遺産分割協議が調わない場合でも相続税や所得税の申告期限は待ってくれません。相続税の手続について，留意すべき点を教えてください。 ……………………………………………………………………… 88
コラム　増える第二次納税義務追及への対応 …………………… 91

Point 23　遺留分減殺請求と所得税納税義務
遺言で相続財産取得から排除された法定相続人が遺留分の減殺請求を求めています。被相続人には，所得税等の租税債務があります。遺留分の減殺請求をしている法定相続人は，被相続人の租税債務を負担する義務があるのでしょうか。 …………………………………… 92
コラム　納税者と税務職員の間の「秘密」 ……………………… 95

Point 24　相続と貸金庫
高齢の母の病状が悪化し，危篤状態と医師から伝えられました。母の貸金庫の中に，他の姉妹に内緒で私と母とで作成した遺言書が入っています。母が亡くなった場合，他の姉妹に内緒で貸金庫を開けて遺言書を取り出してもよいでしょうか。 …………………………… 96
コラム　脱税密告制度とその対応 ………………………………… 99

Point 25　持分の定めのない一般社団法人と相続税

一般社団法人の社員（会社の株主と役割が同じ。）が死亡した場合には，一般社団法人の財産は，相続税の対象とならず，会社の株主の場合には，その株式が相続税の対象となると聞いています。その違いは，なぜですか。 …………………………………………………………… 100

コラム　任意売却と差押解除 ………………………………………………… 103

第3章　申告・納期限経過後

Point 26　相続税申告書の提出期限
―相続放棄で法定相続人以外の者が相続人となった場合―

相続税の申告書の提出期限は，通常は人の死亡の日の翌日から10か月以内です。しかし，相続人が次から次へと相続放棄し，法定相続人以外の者が最終的に相続人となった場合，その者はいつまでに相続税の申告と納税をしなければならないのでしょうか。このような場合の申告期限はそもそもいつなのでしょうか。 ……………………… 106

コラム　期限を過ぎたらどうする，どうなる ………………………… 109

Point 27　遺留分の減殺請求に伴う税務手続

相続が発生すると，遺言や生前贈与によって不利な相続を強いられる相続人には遺留分の減殺請求の権利が保障されています。相続対策の重要さが指摘されていますが，対立する相続人から請求されるリスクは大きいものがあります。税務対応は実際にはどのようにすべきでしょうか。 ……………………………………………………………………… 110

コラム　税務調査における提出資料の評価 ……………………………… 113

Point 28　新しい納税の猶予制度の活用―納税を分納方式でする方法―

納税が期限までに難しい場合に，分割納付などができないものでしょうか。 ……………………………………………………………………… 114

コラム　税金を滞納したらどうなるか ……………………………………… 117

Point 29　贈与税申告の来署案内と無申告加算税
　父から昨年，金銭の贈与を受けましたが，贈与税の確定申告はしていません。今年に入り，父が亡くなったので，贈与を受けた金銭の額を3年以内贈与財産価額として加算して相続税の確定申告をしようと考えています。昨年分の贈与税の確定申告が必要でしょうか。 … 118
コラム　税金の分割納税のためのイロハ ……………………………… 121

Point 30　税務調査　増税後の相続税調査のターゲット
　平成25年度税制改正で相続税の増税がなされたそうですが，税理士業務にどのような影響が考えられますか。 …………………… 122
コラム　税務職員の権限行使と国家賠償 ……………………………… 125

Point 31　税務調査　名義をめぐる取扱いに関しての対応①
　相続税の税務調査では名義預金が問題とされることが多いとよく聞きます。預金に限らず名義の異なる財産が相続財産となる場合もあるとも聞きました。注意すべき点はありますか？ ……………… 126
コラム　呼出し調査は実地の調査である ……………………………… 129

Point 32　税務調査　名義をめぐる取扱いに関しての対応②
　相続税の調査があり，家族名義預金を申告するようにいわれました。家族名義預金は家族のものであり，調査官の指示や税理士の説得には納得がいきません。どうすればよいでしょうか。 …………… 130
コラム　延滞税の免除と嘆願書 ………………………………………… 133

事項索引 ……………………………………………………………… 134

第  章

相続前

第1章　相続前

Point 1　税理士は相続にどう対応するか

Q 相続税の税務相談や申告書類作成などの業務は，扱う金額が多額になることから，受ける報酬よりも後日の税務調査対応を含め多額の追徴税額の発生などのリスクの大きさから受任を敬遠する方もいると聞きます。税理士は，相続にどう対応すべきものでしょうか。

A 平成27年の相続税法改正により，基礎控除の減額や相続税率の一部引上げなどで多くの人に影響が出るとみられ，「相続税増税」をテーマにした税務セミナーが盛況です。税理士業界では，不況期における"商機"とみなす動きも顕著です。法人等の顧問先の多くが苦戦している上に，顧問料や記帳料のダンピングが激化する中で，一部に乗り遅れまいと浮足立つ事務所さえ見受けられます。相続をめぐる分野で税理士は顧客のための誠実な対応が必要です。

―― 解　説 ――

相続周辺業務は乱立気味

相続税増税論議の前から相続周辺業務は活発でした。超高齢化社会で「老」「生」「死」の狭間で起こる不安を解消するため，遺言や保険，相続対策，事業承継などの相続ビジネスが盛んになり，相続を専門に謳う税理士の数も増えてきました。ただし，これらの業務の対象は資産家であり，その範囲は限られます。顧客取込みの主要部隊は金融機関や建設業界であり，これに税理士がお墨付きを与える関係が増えていました。

そこに相続税の増税問題が浮上してきたわけです。相続税の課税対象となる層が富裕層から一般の層に拡大し，子どもがいない高齢者の老後ビジネスと相続対策ビジネスがセットになって，さらに熱を帯びることになったとみられます。税理士業界でも，新たな仕事の種として乗り遅れまいと相続を事業の中心に据える税理士のホームページも増えています。

取込みを狙う産業界

金融機関は，相続対策として保険やファンドを売り込みます。建設業界は，財産評価の水準と時価との差額を利用する相続対策を提案します。資金が不足するなら銀行融資をセットにして収益物件の建設を勧めます。不動産収入が返済原資と安定収入となり，不動産を管理するグループ会社まで紹介するので手間がかからず安心だという

のです。

　しかし，相続後数年たつと建物が劣化し修繕が必要になり，さらに管理委託契約期間を経過すると業者から管理が戻されます。返還されて自分で管理しようとすると，手間のかかる入居者との折衝や修繕業務が重なり，貯めていた預貯金がどんどん減っていくということになりかねません。

　結果的に建築資金の借入金返済と不動産の管理負担が相続人に重くのしかかることになります。大学生を目当てに建築したワンルームマンションが，大学の廃校又は移転で，入居者が激減するというケースもあります。地価下落により処分もできず，今では支払いは利息だけという話も聞こえてきます。

　保険も同様です。解約返戻額の少ない時期に相続が起きれば財産額は安くなります。しかし，相続人は解約返戻金の少ない時点で納税資金を考えないといけません。そのため，支払いは保険を解約するか，保険を担保に金融機関から納税資金を借り入れるということになり，結果的に財産を減らしてしまうことにもなりかねません。

　このようなプランは，金融機関やコンサルタントが行い，提携関係にある税理士がお墨付きを与えているという関係がみえます。

　「紹介手数料」の甘い囁きで自らの顧問先に紹介した場合，本当に顧客のためにベストな選択かどうか，あらゆる知識を傾けてアドバイスする責任があります。幾ばくかの手数料に目が眩んで，結果的に顧問先を業者の餌食にしてしまっては税理士への信頼を失墜させてしまいます。

税理士の品格が問われる時代

　相続に当たって税理士を選択するチャンネルは変化しています。従来は，資産家の場合は元々税理士と関わりがありました。相続税増税後は，普段は税理士と出会うことの少ない納税者層が増えています。そうすると，ネット検索で税理士を選ぶシーンが増え，ネット上でテクニックの高度さやコスト面だけをみて税理士を選択するケースや，取引のある金融機関が提携税理士を紹介することが増えるということになってきます。

　そのことが問題というわけではありませんが，税理士の品位が問われるケースが生じそうです。節税スキームなどのパズルを組み合わせるようなテクニックに走りがちな税理士や，「安ければいいだろう」と考える税理士と出会うこともあります。相続は相続人にとって人生の大きな分岐点となるものであり，人生観と無縁に判断はできません。税は安くなっても関係者に不満を残したままということがあります。税理士として人間的な力量が問われるのも相続の分野といえるのです。

　いま一つの問題は名義貸し税理士。税理士は実際にはほとんど業務を行わずに，実務は全て提携事業者が行っているケースです。不動産仲介業者を税理士事務所の職員とし，事業者が申告書まで作成していたケースでは，納税者は税理士と会うこともな

く，申告業務が事業者に委託されています。誤りも多く，見直しの結果，多額の納付・還付となることもあります。

　税理士はどうあるべきかを考えてみましょう。国家試験を経て，国民の利益を優先すべき立場にもかかわらず，産業界の利益を優先するような税理士が一部に生まれている現状は，税理士業界としても好ましい状況とは思えません。

　税理士と他の士業との違いは，顧客との付き合いが日常的なところにあります。家族ぐるみのお付き合いに発展するケースもあります。信頼されプライバシーにまで関わることができることを，税理士冥利につきると考えたいものです。長い付き合いだからこそ，税理士は品位保持が大事になります。結果として，新たな顧客の紹介に結び付くことにもなるのです。

新しい調査手続の影響

　国税通則法改正により新しい調査手続が平成25年1月から施行されています。調査は事前通知が原則になりました。従来の相続税の調査といえば，事前にめぼしい金融機関に対する調査を行って，不審な預貯金の動きなどを把握してから納税者への調査が開始されました。しかし，新しい調査手続の下では事前通知の前に反面調査を開始することは許されません。

　税務調査官の立場からすれば，従来なら不審点が見つからなかった案件の調査は避けることができましたが，それは難しくなってきます。ということは，税務署が目を付けそうな点について，申告書添付書類に記載して提出することで調査回避手法の付加価値になるのではないかと考えられてくるわけです。

　相続開始前3年以内の贈与について検討したか，さらに3年を超えて6年の更正等の除斥期間（期間制限）にかかる贈与はなかったか，名義預金などの検討を行ったか，不動産評価に当たって現地踏査を行ったかなどの書面の添付が効果を生むかもしれません。

　実地調査の対象となると，着目点に対する資料が不足すれば，納税者宅などでの調査時間が増加するでしょう。預金通帳などの関係書類の提出（留置き）を求められることも増えます。

　このようにみると，相続税調査で着眼点とされる可能性のある範囲の事前チェック能力が税理士に求められます。それは預金の移動状況や財産評価など多岐にわたり，民法知識も含めた調査可能性の検討を行います。それには経験と想像力が試されます。これが，相続専門を謳う税理士にとっての付加価値ということではないでしょうか。

（疋田　英司）

コラム　確定申告は，義務か，権利か——申告権再考

　確定申告は義務か，権利かなどと質問すると怪訝な顔をする人がいるかもしれません。しかし申告納税制度とは，主権者である国民が自ら納税額を計算し，申告・納税することにより，国政に関与する側面があり，「申告」はまさに公務に参加する意思表明でもあるとされています。税額の確定権は一次的には納税者にあり，行政官庁は補完的な二次決定権を持つにすぎません。確定申告を義務と考えるのは，税務官庁に優越的地位が与えられている現行税法に合致しているかもしれませんが，申告納税制度の本質からは大きく外れることになります。

　申告権をめぐって，給与所得者の確定申告が問題となったのは，いわゆる大嶋訴訟（最大判昭和60.3.27民集39-2-247）です。大嶋教授が給与所得者は事業所得者に比し不公平で差別的取扱いを受けているとして提起した事件で，その論点の1つが実額控除と給与所得控除の問題です。判決は，給与所得控除制度は平等原則に反しないとしましたが，少数意見ではサラリーマンの確定申告権が無いことの問題性が指摘されました。また給与所得控除は元来，概算経費控除という制度ではなく，給与所得者の担税力の脆弱さに起因するもので，担税力に見合った税負担の問題はまさに申告権を抜きに考えることはできません。

　大嶋訴訟判決を受けて，昭和63年に特定支出控除が導入されました。利用者数は，導入時は16人，平成24年までは数人程度，平成24年の改正で資格取得費が追加され，1600人程度に急増したものの，サラリーマンの確定申告権の問題解決には，ほど遠い状況にあります。サラリーマンの申告を認めることについて，家事費と経費の区別が困難であるということがいわれますが，これはサラリーマンの経費に限ったことではなく，所得税に共通する問題です。さらに，マイナンバー制度の強行はそれと引き換えに，国が給与所得者の「申告権」を回復すべき義務を負うものといえます。全ての国民や居住者の情報を収集しようとする国の政策下で，給与所得者の数が膨大であるという主張が通用しないことは明白です。

　申告権の内容は自主申告の保障のみならず，租税原則の観点から，納税者にとって便宜であることも求められます。もちろん，徴税費用の観点から最少費用の原則も見過ごせませんが，大法人の電子申告義務化のようなものは申告権を侵害していると考えられます。昨今の税制・税務行政は納税者に対する視点が欠けています。大法人の電子申告義務化も，行政手続のコスト削減を前面に押し出していますが，行政コストの削減を納税者に押しつけるなら，どれほどのコストの削減ができるか具体的な試算を示すべきです。個人も電子申告が義務化されれば，多くの医療費を負担し，わずかな税金の還付で，負担した医療費を取り戻そうとする納税者を締め出すようなことにもなりかねません。さらに，電子申告は電子通信の危険性を理由に職員の個人メールやファクス番号すら明らかにしていない国税組織が，その危険負担を一方的に国民に強いるということにも問題がありそうです。

【藤中　敏弘】

Point 2 相続税の基本の基本

Q 相続税の申告の依頼がありました。経験がないので相続税の基本的なことを教えていただけますか。

A 相続税法改正で，基礎控除が下げられたことに伴い，相続税の申告対象者が増えるとしてセミナーが盛んです。相続税は苦手という税理士さんも少なくないようです。そこで，いまさら聞けない相続税の"キホンのキ"を整理しておきましょう。

解 説

納税義務成立と確定

「納税義務」は，政府の関与がなく，さらには納税者の何らかの行為がなくても，つまり，人々の意思とは無関係に，税法が定める一定の要件を満たせば，その時に成立することとされています。相続税の納税義務が成立するのは，相続又は遺贈により財産を取得した時です。一方，納税者のする申告や税務署長による更正・決定などの処分は，すでに客観的には定まっているものを具体的に確認する行為です。

そして，「納税義務の確定」は，納税申告，更正・決定の手続によることになりますが，申告納税方式のもとでは法定申告期限までに税務署長に申告書を提出しなければなりません。相続税の場合は，「相続の開始があつたことを知つた日の翌日から10月以内」に納税地を所轄する税務署長に申告書を提出することになります（相続税法27条）。

納税義務者と納税地

相続税の納税義務者は，原則として相続又は遺贈（死因贈与を含む。）により財産を取得した個人です。国内外を問わず取得財産の全てに対して納税義務を負います（例外は「制限納税義務者」）。とはいうものの，実際には遺贈や死因贈与によって人格のない社団や法人が財産を取得することがあります。個人以外には相続税を課さないことにすると，これを利用した税逃れを野放しにすることになりかねませんから，例外的に人格のない社団などにも税負担を求めることとされているのです。

ところで，相続税の納税地は，被相続人の死亡の時における住所地だと考えているとしたら，実は法律の規定は違います。相続税法には，「この法律の施行地にある住所地…をもつて，その納税地とする」（同法62条1項）と規定していて，「相続又は遺贈により財産を取得した者」，つまり相続人の住所地（居所地）が納税地とされて

います。しかし，相続税法附則に「相続又は遺贈により財産を取得した者…については，当分の間…相続税に係る納税地は，…被相続人の死亡の時における住所地とする」とあるので，納税地は被相続人の死亡時の住所地でよいということになっています。当分の間の措置ではありますが。

法人が遺贈を受けた場合

　会社が不動産の遺贈を受けた場合はどうなるかというと，その会社は無償で不動産を譲り受けたことになりますので，その経済的利益（受贈益）の額（遺贈があった時の不動産の時価）が相続開始の日の属する事業年度の所得金額の計算上，益金の額に算入され，法人税が課税されます。他方，不動産を遺贈した被相続人は，その相続開始時に時価で不動産譲渡があったとみなされて所得税が課税されます。ただし，被相続人は遺贈時に死亡していますので，実際にはその相続人が，相続の開始があったことを知った日の翌日から4か月以内に，相続開始年分の所得税の「準確定申告書」を提出し，その申告期限までに遺贈不動産に係る譲渡所得税を納税することになります。この準確定申告により相続人が支払った所得税は，被相続人の相続税の課税価格の計算において，債務控除されます。

　ところで，不動産の遺贈を受けた会社にとっては，所有資産が増加することから株式の価額が増加します。相続人が相続開始前からその会社の株主であった場合，被相続人以外の株主（相続人）が所有する株式の価額の増加額は，被相続人からの遺贈により取得したものとみなされて，相続税の課税対象になります。

みなし相続財産

　相続税は，課税価格が分からなければ計算できません。課税対象となる財産は，「その者が相続又は遺贈により取得した財産の全部に対し，相続税を課する」（相続税法2条1項）とありますので，相続財産のことです。しかし，相続税法は，被相続人の存命中に所有していた財産だけではなく，例外的に相続財産でないものも取り込む仕組みになっています。これが「みなし相続財産」です。その典型例は，死亡保険金と死亡退職金です。

　みなし相続財産と同じように課税対象となるものがほかにもあります。相続開始3年間以内に被相続人から贈与を受けた場合のその財産価格です。

相続税の計算からの控除

　墓地・仏壇など日常礼拝の対象としているものや，保険金・死亡退職金のうちの一定額は，非課税財産とされています。非課税限度額は，《500万円×法定相続人の数》で計算します。ただし，非課税金額が控除されるのは相続人だけで，例えば，相続人ではない孫が受け取った保険金には適用はなく全額課税されます。また，死亡保険金

は相続放棄した人も受け取れますが，控除はできません。

　相続開始時に存在していた債務の金額や葬式費用などは，取得した財産の価額から「債務控除」することになります。公租公課もこれに含まれますが，その債務は「確実と認められるものに限る」とされています。

負担軽減措置と手続

　相続税の負担軽減措置に小規模宅地等の特例や，配偶者の税額軽減があります。後者は，最低1億6千万円まで軽減されます。

　これらの適用を受ける場合は，申告書に特例適用の旨を記載し，明細書等の書面を添付して税務署に期限内に提出することとされています。申告期限までに遺産分割協議を終えていないときは，この特例の適用は不可能となるので要注意です。なお，「申告後3年以内の遺産分割の見込書」を添付して申告を行い，実際に遺産分割協議が整った後4か月以内に修正申告・更正の請求などの手続をとることで，特例の適用を受けることができます。

誰が申告をするのか

　相続税の基礎控除は，《3000万円＋（600万円×法定相続人の数）》であり，課税価格がこれを超えなければ申告は不要です。被相続人の財産を取得し，納付すべき相続税の金額がある人が相続税の申告が必要になります。ただし，「小規模宅地等の特例」を受けることによって相続税の課税価格が相続税の基礎控除額以下になる場合や，「配偶者の税額軽減の特例」の適用を受けることによって相続税の納付すべき額がなくなる場合には，相続税はかかりません。その場合でも，特例を利用するためには相続税の申告はしなければなりません。相続人の間で相続税の申告義務の有無が異なってくることもあるのです。

　とはいえ，後日新たな相続財産が判明して無申告となるリスクを考えると，相続税申告が必要ではないと考えている相続人も他の相続人と一緒に相続税申告書を共同提出した方がよいでしょう。相続税申告書の提出は，通常は，各相続人が別々に行うのではなく，相続人の連名による1つの申告書で行います。

（岡田　俊明）

コラム 税理士と弁護士の連携

昨今,「士業連携」「ワンストップ」などの言葉を耳にします。分野の異なる専門家が連携を図る必要性は誰もが感じているところですが,税理士と弁護士の連携方法のポイントは何でしょう。

税理士が感じる弁護士との連携ストレス

①さらに揉めてしまう

遺産分割において,弁護士が一人の法定相続人の代理人に就任すると,その相続人の利益を追求するあまり,遺産分割がこじれてしまうことがあります。

②税務リスクを考慮しない

例えば,弁護士が小規模宅地の特例の適用を考慮せずに遺産分割協議をまとめたり,譲渡所得課税を考慮せずに離婚協議をまとめたりなどです。

③専門用語が通じない

貸家建付地,無償返還届,寄附金,みなし譲渡……。弁護士には理解が困難な用語がたくさんあります。

④コスト(弁護士費用)が高い

弁護士費用は不明確かつ高額なので,顧客を紹介しにくいです。

弁護士が感じる税理士との連携ストレス

①利益相反的な業務は受けられない

弁護士は,利益相反に対しては非常に敏感であり,依頼者個人の利益のみを追求しなければなりません。そのため,税理士による全体的な「遺産分割を収めて欲しい」という要求に応じるのが困難な場合があります。

②実質課税を理解できない

民法上,売買が有効でも,課税実務では交換と認定されることがあります。遺産分割のやり直しは民法上有効ですが,課税実務では,新たな売買,交換,贈与とみなされます。法理論を重視する弁護士にとっては実質課税という概念は理解しにくいです。

③税理士は紛争の顕在化,訴訟を嫌う

弁護士は日常的に訴訟をしていますが,税理士には非日常的なことであり,訴訟や不服申立に消極的になることが多いようです。

弁護士と連携するメリットとコツ

弁護士と連携することで,納得のいかない課税処分に対し,毅然として争うという手段を取りやすくなります。また,税理士賠償対策の強化を図ることができます。そして,何より,クライアントの法律相談に対応でき,サービス強化が図れます。

弁護士と実効的な連携を図るためには,相互に上記ストレスを解消し,価値観の共通化がポイントです。

【馬渕　泰至】

Point 3 民法改正と税法

Q 近年，民法の大きな改正が相次いでいます。平成29年5月に民法制定後約120年間ほとんど改正がなされていなかった債権法が，平成30年7月に昭和55年以来実質的な見直しがなされていなかった相続法が改正されました。税理士はどのような対応をすべきでしょうか。

A 民法改正は，税務におけるさまざまな税対策や税戦略に大きな影響を与えることになります。税理士は改正の動向を注視しながら，クライアントに民法改正に対応した商取引の変更や，相続対策の準備のための助言をしていかなければならないでしょう。

解 説

民法と税法の関係

　税法解釈においては，民法をはじめとする私法上の概念を課税要件にどのように当てはめるかということや，課税要件の帰属ということが常に問題となります。

　過去の裁判例や専門家の見解を参考に分析すると，課税当局の態度としては，経済的な利益に着目して課税要件の引直しを迫る取扱いをする傾向にあります。例えば，税務調査のあり方で問題となっている質問応答記録書は，既存の課税資料では引直し困難と思われるような事例に対し，新たな証拠を課税庁の誘導で作成し，それを証拠資料として課税をする手段に使われる懸念があります。税法解釈においては，課税資料となる契約書や取引資料等の処分証書が課税要件判断の第一次資料となります。したがって，不用意な質問には熟慮して回答し，安易に質問応答記録書の作成に応じないことが重要です。寄付金や賞与，貸付金等の事実認定で課税庁の強引な論理で課税に持ち込まれ，苦労された経験のある方も多いのではないでしょうか。このような課税庁の論理に対し，それを反証する民事法の知識は税理士業務にとっては必須のものです。

債権法改正の影響

　債権法の主たる改正点は，保証人の保護，約款を用いた取引，法定利率，消滅時効等がその内容とされています。また，意思能力や賃貸借に関する判例や法解釈で容認されていたルールが明記されることになりました。

　例えば，税理士報酬の消滅時効については，改正前民法の職業別の短期消滅時効の

規定に税理士はありません。弁護士報酬は2年という規定が存在しますが，同じ士業である税理士は規定が無く，原則どおり10年の時効になります。このような制度背景が社会・経済の変化に対応していないということが改正理由のひとつです。また，意思能力や損害賠償，賃貸借等のルールを国民一般に分かりやすくすることが必要であるということも改正の理由とされています。さらに，消費者保護の観点から定型約款に関する規定も盛り込まれることになりました。各論的な問題は民法改正後の実務の動向によって明確化してくると思いますが，当面は次のような観点を踏まえ税務戦略を立てていかなければならないでしょう。

　第一に時効の問題です。時効期間の変更は債権の貸倒れ処理に影響を及ぼすことから，債権管理の見直しと，これまでの取引契約書や慣習について今一度確認をしておくことが必要でしょう。特に収入に占める売掛金割合と回収期間等の見直しを行うことが必要かもしれません。

　第二に，法定利率の変更です。例えば貸付金等の認定利息に関しては特定基準割合による通達が出されていますが，法定利率が大幅に軽減されることによる影響が出るかもしれません。また，法定利率が変更されることに伴う営業資金の貸借関係の見直しも行う必要があるでしょう。

　第三には，クライアントの業種によっては民法改正による税務戦略の再考を迫られるものがあるかもしれないということです。具体的には不動産業や請負業等が民法改正の影響が大きい業種と考えられます。改正に伴う賃貸借契約書や請負契約書の改訂，瑕疵担保責任規定の改正に伴う検品方法の変更，建築工事請負契約約款等の見直し等，膨大な作業を強いられる可能性があります。その他運送業や旅行業等約款を業務の中心としている業種など少なからず影響がありそうです。

　そしてこれらの変更に伴い収入や経費の認識基準にも影響が出てくるものもあるかもしれません。また税法解釈とは異なりますが，中小企業をクライアントに持つ税理士はクライアントの資金調達も考慮しておく必要があります。第三者保証の原則廃止により，中小企業の資金繰りが困難となる場合があるかもしれません。特に短期の借入れ等に関しては，今までは第三者保証により資金調達を行う場合が多かったのではないでしょうか。経営に対する税理士の助言が一層求められることになり，民法の基礎的な知識を前提に税務戦略を立てていくことの必要性はますます増加するでしょう。

相続法の改正も

　平成27年1月からの相続税の基礎控除改正により，大幅増税となった相続税に対する対策が盛んです。相続税の課税根拠は，富の再配分と，所得税の課税漏れに対する補完であるといわれています。多くの先進国が相続税廃止を進めているなか，年金をはじめとする社会保障体制が崩壊し始めているわが国において，相続税課税は残された遺族の生活保障という観点からは大きな問題です。さらに，相続法自体の大きな

改正が平成30年に行われました。改正の内容は高齢化社会の進展や家族のあり方に対する国民意識の変化等に鑑み，配偶者の死亡により残された他方配偶者の生活配慮の観点から見直しをかけるというものです。具体的には，①配偶者が死亡した場合の他方配偶者の居住権を保護する施策，②遺産分割等に関する見直し，③介護等で一定の貢献をした場合等における相続人の寄与分の増加，④遺留分の増加等の見直し，⑤遺言制度の見直し，⑥相続等効力等に関する見直し，の内容となっています。

これは例えば，婚姻生活が長期にわたる夫婦と再婚などにより短期の婚姻生活で相続する者が同一条件で相続することの矛盾や，親の介護等に関わる子とそうでない子とが同じ相続分で争いが生じているような事例の増加がみられることからの改正です。

このような民法改正が生活配慮や貢献度の観点からなされても，相続税制が大衆課税の方向に向いていくのであれば民法改正自体の目的が達成できないことも考えられます。また，相続財産の中心となる預金等に関してもジョイント口座を認め，実質的夫婦共有財産の明確化を図るシステムを構築しなければなりません。いずれにしても，立法上の問題であり，税理士は実務を行う上で改正の動向を注意深く観察し，節税のための施策を考えていかなければならないでしょう。

全法的見地から

税理士は法律家でなければならないと言われます。この意味は二つの問題を提起しています。一つは，税務調査をはじめとする租税手続におけるクライアントの権利保護の一役を担うという役割です。納税者としての国民は徴税機関からの権力行使に対し無防備であり，税理士はその職業的・専門的知識を駆使しクライアントを違法な権力行使から守らなければなりません。税理士が徴税機関の補助業務や下請け業務を担うという役割であってはならないのです。

もう一つの役割としては，全法的な知識を駆使しクライアントの租税負担を最小限に留める工夫を提案するということです。これは，税務通達に従って法律関係を構築するのではなく，クライアントが日常生活や商取引において最も有利と考える私法上の法律関係が租税負担においてどのような結果になるのかを常に意識して業務を進めるということです。税理士は，民法のみならず全ての法律にも無関心ではいられません。

（藤中　敏弘）

コラム 収入印紙をめぐる疑問

贈与も譲渡か

「譲渡に関する契約書」を通達は，「権利又は財産等をその同一性を保持させつつ他人に移転させることを内容とする契約書」と広義に捉え，贈与契約書も印紙税の課税物件としています。しかし「譲渡」を広辞苑で調べると，「（権利・財産などを）譲り渡すこと」とされ，贈与契約は無償・諾成契約で，贈与者の義務と対価的意義をもつ義務を受贈者が負わない片務契約です。そこで譲渡を対価を伴うものと狭義に解し，片務契約である贈与契約は課税物件から除外すべきではないでしょうか。

無償又は0円は記載ではない？

印紙税法は「非課税物件」について，「契約金額の記載のある契約書…のうち，当該契約金額が1万円未満のもの」としていますが，「記載」を通達では，契約書等に「無償」又は「0円」と記載されている場合は，当該契約書等の記載金額に該当しないとしています。

広辞苑で「記載」とは「書物・書類などにしるしのせること」とされ，「無償又は0円」を金銭の額・金高を表示したことと解すれば非課税物件となります。さもないと1円と記載して非課税物件に該当させればよいのかということにもなりかねません。

電気・ガスの供給

印紙税法施行令では，7号文書から電気又はガスの供給に関するものを除くとしています。租税法律主義は課税要件の厳格解釈を求めています。太陽光発電や風力発電等を行っている電気事業者以外の者が，発電等を行って電気を販売する行為も電気を供給していることに変わりはないので7号文書から除かれると解すべきです。

医療生協が発行する領収書

消費生活協同組合法により設立された医療生活協同組合について，医療に関する事業と福祉に関する事業が法定化され，医療福祉等事業に係る剰余金の払戻しは禁止されています。

解散する場合は事業が立ち行かなくなった場合等なので払込済出資額以上の剰余金があることは想定しづらいです。生活協同組合は，営業者に該当せず，医療生協の発行する全ての領収書の印紙税が非課税になると解すべきでしょう。

印紙税調査の立会い

税理士の業務から印紙税は除外されています。代理人としての委任状さえあれば税理士法には抵触しないので，誰でも代理人として立ち会うことは可能です。

【益子　良一】

租税回避目的の養子縁組
―課税減免要件を充足させる租税回避―

Q 最高裁で租税回避目的の養子縁組の事件について判決（最判平成29.1.31民集71-1-48）が言い渡されました。租税回避とはどういうものなのでしょうか。

A 最高裁は，租税回避が目的であっても養子縁組は有効であり，無効とした高裁判決を破棄しました。租税回避とは，様々な見解が存在しますが，法の抜け穴を利用したり，異常な法形式を利用したりして巧みに課税要件の充足を避けることが典型的なシミュレーションと理解されています。最近は課税減免要件を充足させ租税負担を回避するという手法も考えられています。

租税回避は何が問題か？

そもそも，租税回避は違法ではありません。

適法行為と言い切っても良いのかもしれません。適法な行為に基づき，租税の負担を軽減することは租税法律主義の観点からはまったく問題はありません。また，税理士をはじめとする職業会計人が税負担軽減のためのシミュレーションを構築することは一概に職業倫理に反しているともいえません。現に，米国においては会計事務所がプロモーターとして，タックス・シェルター商品を開発することは日常茶飯事です。

しかし，わが国や米国の課税当局は，いわゆる「不公平感」「法感情」を根拠に，租税回避を容認あるいは放置するようなことはしません。これは，法感情や道徳的価値から，租税回避を悪とみなし，許されないとする倫理観の押しつけに他ならないのです。租税回避の議論は，税法上の法的評価とは全く別の次元で議論されていることを理解しなければなりません。

国民全体が，ある種の租税回避行為を許すことができない場合は，民主主義的観点から立法措置をとることが原則です。自由主義的観点からは，課税は国民の財産権への侵害であることから，国民の信託を受けていない行政が，自らの価値判断で租税回避を否認することに，租税法の専門家，税理士，司法関係者は注意を払わなければなりません。そういう意味では，租税回避の一般否認規定を立法化することは危険極まりない行為であり，専門家は警鐘を鳴らしていかなければなりません。

課税減免要件を充足させる租税回避

典型的な租税回避の事例は，様々な法的構成を用いて課税要件を回避し租税負担を

ポイント4　租税回避目的の養子縁組―課税減免要件を充足させる租税回避―

軽減する手法です。例えば，民法上の交換契約で土地の交換を行った場合の税負担回避のため，相互売買という契約をするような場合です。これに対し，養子制度を利用して租税負担の軽減を図るのが課税減免要件を充足させる租税回避行為です。養子を取る必要性がなくても，租税軽減のため，あえて養子縁組を行うことによる租税の減免は以前からよく行われていました。また，専門家にとってなじみ深いのが，外国税額控除の余裕枠を利用した「りそな銀行事件」でしょう。本来なら相手先が支払うべき租税を，りそな銀行がわざわざ支払い，外国税額控除を適用して租税の減免を行ったものです。

　このように，正面突破によって租税を減免する手法に課税庁は敏感に反応します。抜け穴を利用した租税回避は，課税要件を回避する行為であることから，課税庁は，場合によっては仮装・隠ぺい行為として強引に重加算税を賦課する行為に出ることもあります。一方，課税減免要件を充足させる租税回避はこのような強引なこじつけは通用しませんから，課税庁にとっては厄介かもしれません。

制度趣旨濫用論

　そこで，課税減免要件を充足させる租税回避の場合，これを否認する決め手として，課税庁が主張するのは制度趣旨の濫用です。つまり，課税減免要件が充足していても，制度趣旨から減免を容認しないとする解釈技法です。法解釈でいう趣旨解釈の一つです。制度趣旨濫用という手法が，租税法律主義の観点からは非常に危険なものです。抜け穴を利用する租税回避は，課税庁としては課税の前提となる私法行為に着目することになります。私法行為は私的自治の原則，処分証書の法理から，課税庁がこれを引き直して課税するためには，租税回避の一般否認規定が必要となってきます。これに対し，課税減免要件を充足させる租税回避は税法独自の問題です。例えば，高額納税者が，刑事事件や有名人のスキャンダル等で，あるいは各種の助成金を得るためによく使う「詐病」で医療費控除を受けた場合，これを否認することができるのかどうかが問題になります。

制度趣旨濫用論の問題点

　趣旨解釈は税法に限らず行われる法解釈ですが，租税法においては常に租税法律主義を念頭において，この解釈手法を用いなければなりません。

　趣旨の発見には，立法者意思説と法律意思説という二つの考え方があります。どちらの考え方が正しいということはありませんが，税法に関しては立法あるいは改正において，最近は必ず財務省から，趣旨解説が公表されることから立法の趣旨は容易に知ることはできます。しかし，多くの裁判例や，実務の取扱いは定型的な適用以外は法律自体の趣旨に反するとして，排除しようとする傾向がみられます。立法上の不備をこのような形で補充すべきではないことはいうまでもありません。

次に濫用の問題です。濫用という概念は裁判官や課税庁の主観によるもので，まさに権力側は濫用してはならないのです。民法1条3項は権利の濫用を禁じていますが，税法上は濫用禁止条項はありません。一般命題でしかも判断基準がない，濫用を課税庁が安易に主張することには問題があります。

最判平成29.1.31民集71-1-48の評価

　本判決は，マスコミ等で節税のみを目的とする養子縁組の有効性ということで取り上げられ，結論のみが大きくクローズアップされています。相続税の節税手法として最高裁がこの手法を認容したと理解し，ホームページ等で大きく取り上げている税理士もいます。しかし，本件は課税庁が租税回避の事案として取り上げた事件ではなく，あくまでも純粋な私人間の民事事件であることを認識しておく必要があります。
　その上で，養子縁組に関する意思の問題として，節税目的であっても養子縁組意思があると判断された事案です。税法上の問題は，その後の問題です。養子縁組が有効である以上租税回避が目的であっても，課税減免要件が充足する訳ですから，租税軽減は成功したことになります。ところが，課税庁としてはこのような事案が出てきたことにより，一定の歯止めを掛けるため，むしろ養子縁組の否認という施策を強化するのではないかと思われます。その際，税務調査ではおそらく制度趣旨を前面に打ち出し，修正申告を迫ることは十分に考えられることです。

課税公平論

　この種の租税回避事案に関しては，課税の公平論がしばしば主張されます。
　租税公平主義は，一義的には立法過程において実現されなければなりませんが，執行段階においてももちろん尊重されるべきです。課税の公平は，あくまでも同一状況にある納税者は等しく扱うべきことを要請するものにすぎません。国民の信託を受けていない行政が，自らの主観で違法行為を行っていない納税者に租税負担の増加を求めることは租税公平主義とは無関係な行為です。くしくも，武富士事件において須藤典明判事が補足意見で述べているように，一般的な法感情の点から違和感があっても，厳格な法解釈が要求され，立法で解決を図ることを原則として，税法は適用されなければならないのです。

（藤中　敏弘）

コラム 居住者と非居住者の課税関係

所得税の納税義務者

　所得税の納税義務者は、「居住者」「非居住者」に区分され、さらに、「居住者」は「非永住者」と「居住者」に分けられます。この区分により課税対象が決まります。

　非居住者とは、「居住者以外の個人」とされています。では居住者はというと、国内に住所を有し、又は現在まで引き続いて1年以上居所を有する個人のことをいいます。住所は、その人の生活の中心がどこかによって判定されます。

　また、非永住者は、非居住者の例外としてではなく、居住者のうち一定の要件に該当する人をいい、具体的には、「居住者のうち日本国籍がなく、かつ、過去10年以内の間に日本国内に住所又は居所を有していた期間の合計が5年以下である個人」を指します。

　居住者は、国内・国外を問わずすべての所得について課税されます。これに対し非永住者は、その課税所得の範囲は国内源泉所得のほか、国外源泉所得で国内において支払われ、又は国外から送金されたものが対象とされます。

　この送金には、直接、現金や貴金属を日本に持ち込むことも含まれ、過去の貯蓄等からの送金等の送金資金の原資を問いません。国外源泉所得とは無関係の過去の貯蓄を送金する場合も課税対象になるので要注意です。

相続税の納税義務者

　では、相続税の納税義務者はどの範囲でしょうか。税法上は、「居住無制限納税義務者」「非居住無制限納税義務者」「制限納税義務者」「特定納税義務者」に分類されます。

　通常は、居住無制限納税義務者になります。結婚や転勤などで外国に住所を持った場合は非居住無制限納税義務者に該当する可能性があります。非居住無制限納税義務者は、日本国籍を有しており、相続の時点で10年以上日本国内に住所がないこと、もしくは相続人が日本国籍を有しているけれども、日本に住所がない期間が10年を超過していて、なおかつ被相続人が日本国内に住所を有している、もしくは日本に住所がない期間が10年以下であるということが条件になります。

　制限納税義務者は、相続人が相続財産取得時に日本に住所を有しない場合であって、非居住無制限納税義務者に該当しない場合で、日本国内の相続財産について相続税が課されます。居住無制限納税義務者も非居住無制限納税義務者のいずれもが、国内外の財産が課税されます。これが制限納税者の場合には、国内保有の財産のみが課税され、国外に保有する財産は課税されません。

　最後に、特定納税義務者というのは、居住無制限納税義務者、非居住無制限納税義務者、制限納税義務者のほか、相続時精算課税の選択適用を受ける財産を取得した個人をいいます。以上のことから、日本国籍を有せず、相続の時点で日本国内に居住もしていない、居住した実績がない人でも、相続する財産が課税対象となれば納税義務が生じることになるのです。

【粕谷　幸男】

新しい事業承継税制
税理士剥がし対策

Q 事業承継税制を適用してくれない税理士事務所を切って，金融機関が紹介する税理士に依頼させるような"税理士剥がし"ということがあると聞きましたが，何か対策はありますか。

A 事業承継税制の納税猶予の管理は，長期間にわたりますので，事故等のリスクに備えるためには，複数の税理士事務所等のネットワークを構築することも課題となるでしょう。

解 説

　今般の事業承継税制の改正の目玉は，会社支配株主が所有する株式の贈与等を受けた特例後継者のその株式に対応する贈与税，相続税の全額について納税猶予するものです。ところで，この新事業承継税制について税務業界紙の記事で，事業承継税制に関する衝撃的な「税理士剥がしの兆し」の言葉が踊っていました。通常，「税理士剥がし」にあったとしても，それに遭遇した税理士には，その理由がみえないのでそのことを認識できないでしょう。しかし，実際に「税理士剥がし」が起こり得ますので，対応策が必要です。

税理士剥がしの担い手

　記事によると「営業をかけてくるのは主にコンサルタント会社やFPで，なかには税理士法人もあるという。…後ろには金融機関の影がちらつく。」といいます。経営コンサル，FP，金融機関などは，フィービジネスの典型的なビジネスセクターです。フィーはどこからもたらされるのでしょうか。

　一般的には，事業承継を手掛ける大手の税理士法人が考えられます。金融機関がする税理士の紹介先は，名が知れた大手の税理士法人で，街の中小税理士法人や個人税理士が紹介されることはめったにないようです。金融機関の担当者は，サラリーマンであるが故に，紹介先のブランドの安心感を頼りにするためそのような紹介システムができあがっているのでしょう。しかし，それは表層的な仕組みにすぎません。現実には，紹介手数料が金融機関や紹介者に渡されていると噂されています。また，大手の税理士法人から金融機関に税理士を派遣し，金融機関の税務案件を流通させるシステムもできあがっているといわれています。

　従来，大手の税理士法人は，現行の事業承継税制を利用するのではなく，その代替的なスキームとして会社の株価引下げスキームを提案し，持株会社方式，会社分割等

の組織再編，種類株式の活用と金融機関からの株式買取資金の融資を組み合わせて実施してきました。

バージョンアップ

　事業承継税制は数次の改正を経ていますが，その適用会社数は少ないのが実状でした。その原因には，適用要件のハードルが高く，その適用がしにくいといわれ，その利用を避けてきたことがあります。そのような状況を改善するため政府は思い切った優遇税制ともいえる新しい事業承継税制としてバージョンアップをして，そのハードルを引き下げようとしています。

　新しい事業承継税制が創設されたことから，株価引下げスキームは結果として，複雑な会社組織，株式・株主構成，借入負担をもたらしました。もし，お金をかけた株価引下げ対策を導入していなければ，後継者は，シンプルな株式の贈与等により，新しい事業承継税制を利用することによって，その税負担の納税猶予を享受できることになります。

　結果として，金融機関や大手税理士法人等による事業承継代替策は，労多く，費用負担と借入負担の大きいスキームとして，その実施を受けた会社に負担を負わせる結果になってしまいます。その意味では，従来の事業承継税制の代替スキームを提案してきた金融機関等は，新しい事業承継税制を実施していくには多少すねに傷をもつ担い手といえるかもしれません。そこで，事業承継税制の営業の先兵が，金融機関から経営コンサル，FPに代わって，税理士剥がしを仕掛けてくるということになるのでしょうか。

税理士業務との共存可能

　新しい事業承継税制は，承継計画の承認，相続税，贈与税の試算，遺留分対策，税務署への届出書等の手続及び相談が中心であり，日常的な会社の決算，申告，相談とは一般的には異なった業務になります。つまり，新事業承継対策業務と日常業務の守備範囲はバッティングしないことから，新しい事業承継税制を担う税理士と税理士の日常業務が重なり合うことなしに，すみ分けしながら，共存的に税理士業務を遂行できます。ここには，「税理士剥がし」という顧問税理士を排除する本質的な理由は存在しないといえるでしょう。

税理士剥がしの理由

　通常業務を担当する顧問税理士と事業承継税制を担当する税理士とが共存できるのにもかかわらず，税理士剥がしが起こるとするなら，この紹介ネットワークシステムに多く依存すればするほど利益をもたらすもたれあいの構造があるからでしょう。

　さらに，需要のあるところに供給ありとの論理があるように，経営コンサルやFP

の営業トークに会社代表者が触発されて，顧問税理士剥がしに協力して，大手税理士法人の軍門に下ってしまう。そのことは残念ですが，需要に応えきれていないわけで，納税者の権利利益を守ろうと志向している税理士であるならば，顧問先の思いに応えられていないというジレンマに陥ってしまうことになるでしょう。そうだとすると，税理士剥がしを誘発してしまいかねない原因を内在させていることになります。

金融機関等と大手税理士法人との紹介料と仕事の確保という利益構造が，紹介ネットワークシステムとして確立してしまっているならば，それを打ち壊すことは困難です。

税理士剥がし対応策

事業承継税制を適用する手続の担い手は税理士ですが，経営革新等支援機関登録をしていないと，それを進めるのに制約がかかり，依頼された会社に十分なサービスを提供できません。そのため，その登録をすることを前提として，事業承継税制は，税の納税猶予の一連の手続だけでなしに，会社経営の継承をするものですから，そこから派生する相続人間の遺留分対策，後継者の経営者としての経験，知識，リーダーシップと先代経営者とのコミュニケーション，情報共有等へのサポートが必要です。経営革新等支援機関の登録税理士だけでなく，司法書士，弁護士，保険エージェント，FP，M＆A業者等の専門資格者との協同でのサービス提供が必要となります。このような他の専門資格者との提携と協同組織を構築することができるかどうかが依頼者への需要に応える意味からも税理士剥がし対策の第1のポイントと考えます。

第2のポイントはM＆Aです。M＆A大手事業者の報酬は売手会社の売却代金の5％で，最低2千万円ともいわれています。成功報酬なので，その報酬が高い理由となっているのでしょうが，売却会社の負担も大きくなります。また，買手会社は，高値つかみと赤字の垂れ流しのリスクが存在していることから，それが避けられる買い物をしたいと考えるのは当然です。そのため，M＆Aでは，リスクを早く察知するためにも，売手の顧問税理士から買手の税理士へ変更するのが普通でしょう。税理士剥がしとはいわないまでも，理由のある税理士交代劇が起きることになります。

そこで，信頼できる税理士同士が顧問先会社のM＆Aを希望する会社を仲介する組織や会社を設立し，売手会社の経済的な負担を低減し，さらに，信頼できる税理士として，売手会社の顧問税理士がM＆A後も継続できるようなシステムを構築することも，税理士剥がしを防ぐ対策になるのではないでしょうか。また，納税猶予期間が長いことから，他の税理士との連携も必要になります。

（粕谷　幸男）

コラム 期限・期間のはなし

　人間関係においては約束の時間に遅れるのは相手に失礼だし，ビジネスシーンでは大切な取引先を失うことになるやもしれません。これが，税金の世界になると「いつまで」という期限は無視するわけにはいけない重さがあります。申告書提出期限に1日でも遅れると，無申告加算税の課税対象となり，納付が遅れれば延滞税の納付義務も生じてしまいます。電子申告・電子納税の時代では，「1日でも遅れると」は「1秒でも遅れると」になります。税法には，期間や期限の定めがありますが，意外にも，これらについての間違いや誤解が専門家の間にもあるのです。

　期限には，3月15日のように確定日によるものと，期間の末日もあります。所得税の確定申告書の提出は，「第3期（その年の翌年2月16日から3月15日までの期間をいう…。）において，税務署長に対し，…申告書を提出しなければならない。」（所得税法120条）と定められており，相続税申告書の場合は，「その相続の開始があつたことを知つた日の翌日から10月以内…に…申告書を納税地の所轄税務署長に提出しなければならない。」（相続税法27条）という定め方になっています。

　期間の計算方法は，まず，期間の初日は算入しないで，翌日を起算日とするのが原則です。ただし，期間が午前0時から始まるとき，又は特に初日を算入する旨の定めがあるときは，初日を起算日（初日算入）とします。例えば，法人税の申告期限は，「各事業年度終了の日の翌日から2月以内に，税務署長に対し，確定した決算に基づき…申告書を提出しなければならない。」（法人税法74条）と規定していますが，これが法人事業税の場合は，「当該事業年度終了の日から2月を経過した日の前日…まで…に，確定した決算に基づき，事務所又は事業所所在の道府県に申告納付しなければならない。」（地方税法72条の25）と規定の仕方が異なります。つまり，法人税は初日不算入，法人事業税は初日算入ですが，結果として申告期限は一致します。

　相続税の申告・納付の場合で考えてみましょう。9月15日に死亡した納税者の申告・納付期限は，亡くなった翌日の9月16日を起算日としてその10か月後の応当日である翌年の7月15日で期間満了となります。ところがこの日は「海の日」で休日です。この場合は，「期限…が日曜日，国民の祝日に関する法律…に規定する休日その他一般の休日又は政令で定める日に当たるときは，これらの日の翌日をもつてその期限とみなす。」（国税通則法10条）とあるので，7月16日までに申告・納付することになります。

　ところが，消費税に係る届出だけは，この『休日等』に係る特例が適用されないので特に注意が必要です。例えば，個人事業者が2020年から消費税に係る簡易課税制度の適用を受ける場合の届出の期限は，原則どおり2019年12月31日となります。税理士にとって，この届出に関するミスが多いこともつとに指摘されており，要注意です。

【岡田　俊明】

第1章　相続前

新しい事業承継税制
改正のポイント

2018年4月から，新しい事業承継税制が適用されていますが，そのポイントを教えてください。

今後10年間の贈与，相続により，先代経営者から後継者へ，特例承継会社の株式を承継する場合には，贈与税，相続税の納税猶予を全額できることになりました。

解　説

解　説

新しい事業承継税制の改正のポイントは，次のようなものとされています。

☆今後5年以内に「承継計画」を提出し，10年以内に実際に承継を行うことを前提に，2018年1月1日以降の贈与・相続が対象となる
　★後継者が売却・廃業を行った時点の株価で計算し，減免可能に
　★対象株式数の上限を撤廃し，納税猶予割合を100％に
　★「雇用平均8割」の条件を満たせなかった場合でも猶予の継続可能に
　★複数の株主から複数の後継者への事業承継も対象とする

従来の事業承継税制は恒久的な制度（「一般措置」といいます。）であり，新しい事業承継税制は期間限定の時限的な特例制度（「特例措置」といいます。）です。2018年から2027年の非上場会社株式の贈与等について，その認定の時期にもよりますが，現行の恒久事業承継税制を適用するのか時限的な新しい事業承継税制を適用するかは，納税者の選択に委ねられています。新しい事業承継税制は，いわゆる経営承継円滑化法によって，遺留分に関する民法の特例，事業承継時の金融支援措置により，地域経済と雇用を支える中小企業の事業活動の継続を支える施策との組み合わせにより構成されています。

民法特例と金融支援措置

「特例認定承継会社」の株式を，代表者から「特例後継者」へ贈与を行い事業承継がされても，代表者の死亡に伴う相続時に，その贈与株式等が遺留分の減殺請求の対象として相続人から請求され贈与株式が分散されかねない事態が起こる可能性があります。そこで，その会社経営に影響する株式分散を未然に防ぐため，贈与株式等を遺

留分の対象から除外する合意制度と，株式承継後，特例後継者が経営努力し，会社の業績向上の成果として株価評価額を承継時から増加させた部分を遺留分請求の対象外とする，株価評価額の固定合意制度が経営承継円滑化法に民法の特例として用意されました。また，この新しい事業承継税制の適用を受けた会社の事業承継に伴う資金需要に応えるべく，日本政策金融公庫等の融資制度も用意されました。

この遺留分対策については，事業承継計画の認定に必要な要件ではありません。遺留分請求のため後継者がこの承継株式を譲渡すると，納税猶予の取消事由に該当して不利益が及びかねません。そのため，遺留分対策のために，この除外合意ないし固定合意を事前に取り付けておく必要があります。

贈与税の納税猶予手続の改正案との比較

(1) 恒久事業承継税制（一般措置）の場合
1 先代経営者が後継者に贈与をする。
2 贈与年の10月15日から翌年1月15日までの間に都道府県知事に認定申請する。審査後，認定書が交付される。
3 贈与年の翌年3月15日までに贈与税の申告，贈与税の納税猶予，担保提供する。納税猶予には，認定書等の添付が必要である。
4 贈与税の申告期限の翌日から5年間（経営承継期間）
   a. 毎年6月15日までに，都道府県に「年次報告書」を提出する。
   b. 毎年8月15日までに，税務署に「継続届出書」を提出する。この継続届出書には，年次報告書の確認書等の添付が必要である。
5 経営承継期間経過後，納税猶予の期限確定まで
   3年ごとの6月15日までに，税務署に「継続届出書」を提出し，引き続き納税猶予の特例を受けたい旨などを届け出る。

(2) 新しい事業承継税制（特例措置）の場合
1 2018年4月1日から2023年3月31日までの間，特例承継計画を都道府県知事に提出し，認定を受ける。その間に贈与がある場合は，現行と同様に認定書の添付が要件とされるので，贈与税の申告期限前までに認定書の交付を受ける必要がある。
2 2018年1月から2027年12月までに，特例認定贈与承継会社の非上場株式等を特例経営承継受贈者に贈与する。
3 2028年3月15日がこの適用を受けるための贈与の最終の贈与税申告期限となる。贈与税の納税猶予，担保提供をする。認定書等の書類が義務付けられている。
4 現行の経営承継期間以降の「年次報告書」「継続届出書」の提出等の手続は同様といえる。

相続税の納税猶予手続の改正案との比較

(1) 恒久事業承継税制の場合
1. 先代から後継者へ非上場株式の相続又は遺贈がされる。
2. 相続発生後5か月を経過する日の翌日から8か月を経過する日までの間に都道府県知事に認定申請する。審査後，認定書の交付がされる。
3. 相続開始後10か月以内に相続税の申告，相続税の納税猶予，担保提供をする。納税猶予には，認定書等の添付が必要。
4. 相続税の申告期限の翌日から5年間（経営承継期間）
   相続税の申告期限翌日から1年を経過する日の3か月以内に，都道府県知事に「年次報告書」を提出する。この該当日である提出期限に毎年（5年間）「年次報告書」を提出する。
5. 相続税の申告期限翌日から1年を経過する日の5か月以内に，税務署には「継続届出書」を提出する。「年次報告書」の確認書等の添付が必要。
6. 経営承継期間経過後，納税猶予の期限確定まで3年ごとの「継続届出書」提出期限の日までに，税務署に「継続届出書」を提出しなければならず，引き続き納税猶予の特例を受けたい旨などを届け出る。

(2) 新事業承継税制の場合
1. 2018年4月1日から2023年3月31日までの間，特例承継計画を都道府県知事に提出し，認定を受ける。その間に相続がある場合は，現行と同様に認定書の添付が要件とされるので，相続税の申告期限前までに認定書の交付を受ける必要がある。
2. 2018年1月から2027年12月までに，特例認定承継会社の非上場株式等を特例被相続人から相続又は遺贈で取得し，特例経営承継期間の末日までに相続税の申告期限が到来する相続又は遺贈が対象となる。
3. 2027年12月31日に相続があった場合の相続税の申告期限は，2028年10月30日となる。特例経営承継期間は，相続税申告期限の翌日から5年間であり，その期間内の相続に該当するので，この税制の適用のある相続である。相続税の申告と同時に，その納税猶予，担保提供をする。認定書等の書類が義務付けられているため，申告期限内に認定書の交付を受けておく必要がある。
4. 現行の経営承継期間以降の「年次報告書」「継続届出書」の提出等の手続は，新しい事業承継税制でも同様と考えられる。

（粕谷　幸男）

コラム　ハンコを押し忘れた申告書

　「確定申告書を提出したのですが，ハンコを押し忘れていました。大丈夫でしょうか，心配で」という相談が，時々あります。どう対処すべきものでしょうか。

　法律の規定を考えるまでもなく，「書類にハンコは常識だろう。法律以前の問題だ」という声が聞こえてきそうです。もっともな気もしますが，まずは法律を確認してみましょう。

　国税通則法を開いてみると，その第9章雑則に，税務署に提出する「申告書，申請書，届出書その他の書類」には，まず，「書類にその氏名…，住所又は居所…を記載しなければならない。」とあります（同法124条1項）。そして，その書類には提出する者が「押印しなければならない。」とあります（同条2項）。このように，申告書などには住所・氏名を書き，押印しなければならないと明定されているのです。

　ところで，法人税法には他の税法と異なる規定が存在します。法人の代表者が一人である場合はその代表者が「自署し，自己の印を押さなければならない」というのです（同法151条）。ということは，押印漏れは，申告書ではないとみなされるのでしょうか。

　法人税法151条5項をよく読むとこう書かれています。「前各項の規定による自署及び押印の有無は，法人税申告書の提出による申告の効力に影響を及ぼすものと解してはならない。」と。ホッと胸をなでおろした税理士諸氏の顔が見えます。「自署」でなく「記名」でもよいということは，ゴム印を押してもコンピュータ印字でも，それから代理人による代筆でも問題なし。「押印の有無」は問わないというのですから，「自己の印」でなくてもよいし，押印を忘れてもその申告書が無効になる訳ではないということになります。

　こうした規定は，所得税法や消費税法には存在しませんが，考え方は同様とみてよいでしょう。押印漏れの申告書等の収受を拒否したり，無効を言ったりしていたら，「申告納税制度」は成り立たなくなってしまいますから。

　現存する日本最古の印は，福岡で発見された国宝の「漢委奴国王」の金印です。印鑑は，中国から伝わって律令時代に根付いたものと考えられますが，戦国時代には使われなくなり，明治に入って復活しました。明治6年10月1日，太政官布告で署名のほかに実印を捺印する制度が定められ，それを記念して10月1日は「印章の日」なのだそうです。

　印鑑を押すことも，自署することも意味することは同じです。その行為をする者が本人であることを明らかにする（自己同一性の証明）ものです。刑法には，「行使の目的で，他人の印章又は署名を偽造した者」は，3年以下の懲役とあります（印章偽造の罪）。印章や署名がホンモノであるということを通して人々の「信用」を保護しようとするものですから，印鑑も署名も大事な役割を持たされています。あだやおろそかにはできません。

（注）上記法人税法の規定は，大法人の電子申告義務化に伴い改正されています。

【岡田　俊明】

新しい事業承継税制
事業承継税制を適用できる会社のタイプ

　新しい事業承継税制の適用を検討しているのですが，不動産貸付業の会社は，適用できないと聞いたのですが，どのような会社が適用できるのですか。

新しい事業承継税制が適用できる会社は，中小企業に該当し，会社，経営者，後継者等の適用要件がいわゆる経営承継円滑化法規則，租税特別措置法等で定められています。全ての適用要件を満たさないと適用できません。会社のタイプによる適用要件をよく知ることが必要になります（中小企業庁「中小企業経営承継円滑法申請マニュアル」参照）。

解　説

　新しい事業承継税制の適用を希望する会社が全て適用されるわけでなく，一定の枠に収まった会社のみ，新しい事業承継税制に関する相続税等の優遇措置を受けることができる仕組みになっています。

特例後継者に該当するケース

　新しい事業承継税制は，特例後継者が特例認定承継会社の代表者から贈与等によりその会社の非上場株式を取得した場合の贈与税又は相続税の全額について，特例後継者の死亡の日までその納税を猶予するという制度です。

　贈与等を受ける特例後継者は，同族関係者と合わせて総議決権の過半数を有し代表権を有する者でなければならないこととされています。また，この条件に該当する後継者が総議決権の10％以上有していなければなりませんが，それらの要件に合致すれば，適用される特例後継者は，上位2名又は3名の者まで可能とされることになりました。そして，贈与する株主も先代経営者だけではなく，第三者からの後継者への贈与も対象となります。

　これらの条件に合致するケースの一例を紹介すると，次のようなケースとなるでしょう。

◆特例後継者に該当する株主構成の例示

贈与等の後の株主構成（取締役会非設置，各自代表）

株　主		関係役職	後継者	贈与等後株数と持株比率		
				ケース1	ケース2	ケース3
鈴木太郎	長男	取締役	後継者	100株 40％	149株 59％	200株 80％
鈴木花子	太郎妻	なし	なし	50株 20％	50株 20％	25株 10％
鈴木陽子	長女	取締役	後継者	100株 40％	51株 21％	25株 10％

これらのケースは，2名の後継者が特例後継者になり得るケースの例です。もし，鈴木陽子と鈴木太郎が兄弟姉妹でないとすると，鈴木陽子は50％超の同族グループに所属していないため，いずれのケースも特例後継者にはなれません。また，鈴木花子が太郎の配偶者ではなく，同族関係者に該当しない場合には，鈴木太郎は，ケース1では特例後継者となれませんが，ケース2と3の場合は，特例後継者となれます。

共同経営タイプの会社は適用外

後継者が，同族関係者と合わせて51％以上の株主グループに所属していないと特例後継者にはなれません。つまり，この新しい事業承継税制は，株主構成として，議決権総数の過半数を保有する大株主グループ形態の会社にしか適用ができないということです。

ケース1で，各株主の関係を親族として例示しましたが，各株主の関係を親族でないとした場合には，この税制の適用ができません。すなわち，複数の株主が共同経営を目的に運営する会社，まさに，会社らしい会社は新しい事業承継税制の対象となりません。そのため，会社支配が可能な株式所有形態の会社には適用でき，共同経営タイプの会社には適用できないという株主構成の相違による不公平さがあるでしょう。そのため，あえて，この税制を適用するためには，共同経営のタイプの株主構成をその目的の意に反し，一人の株主に株式を集中させ，支配株主形態の会社にする必要があるということになります。

特例認定承継会社となるには

この新しい事業承継税制が適用できるには，特例認定承継会社にならないといけません。この特例認定承継会社というのは，2018年4月1日から2023年3月31日までの間に，特例承継計画を都道府県知事に提出し，認定を受けた会社です。この特例承継計画を提出することにより，「中小企業における経営の承継の円滑化に関する法律」12条1項及び13条の認定を受けることになります。

都道府県知事の認定に当たっての要件を要約すると次のとおりです。なお，この要件の判定時点は贈与時等の円滑化法で求められている時期です。

1. 会社及び特定特別子会社が上場会社等または風俗営業会社でないこと。
2. 資産保有型会社ないし資産運用型会社でないこと。
3. 営業収入があること。
4. 常勤従業員数が1人以上であること。
5. 代表者が経営承継受贈者であること。
6. 代表者以外の者が拒否権付きの種類株式を有していないこと。
7. 常勤従業員数の80％を下回らないこと。1人の場合は1人を維持すること。

なお，新しい事業承継税制では，7の雇用確保要件を満たさない場合であっても，納税猶予の取消しはしないとされています。その代わり，雇用確保要件を満たせない理由を記載した書類について，認定経営革新等支援機関の意見が記載されたものを都道府県知事に提出しなければなりません。その理由が，経営状況の悪化である場合又は正当なものと認められない場合には，特例認定承継会社は，この支援機関から指導及び助言を受けて，その書類にその内容を記載しなければなりません。なお，支援機関の登録をしていない税理士は，顧客会社の事業承継税務サービス業務を十分に果たすことはできないということになるでしょう。

資産保有型会社等は適用外

特例承継計画の申請時に，資産保有型会社ないし資産運用型会社に該当している場合には，新しい事業承継税制の適用ができないことになります。資産保有型会社，資産運用型会社とは，次に該当する会社とされています。

◆資産保有型会社の判定

｛(特定資産の帳簿価額の合計) + (本人・同族関係者への支払配当金及び損金不算入役員報酬)｝ ÷ ｛(資産の帳簿価額の総額) + (本人・同族関係者への支払配当金及び損金不算入役員報酬)｝ の割合が70％以上の会社

◆資産運用型会社の判定

｛特定資産の運用収入｝ ÷ ｛総収入金額（売上高＋営業外収益＋特別利益）｝ の割合が75％以上となる会社

一定の資産保有型会社等の新しい事業承継税制への適用

贈与時又は相続時等の判定時期に資産保有型会社等に該当しても，次の事業実態があるとされる要件を具備している場合には，資産保有型会社等に該当しないものとみなされます。

1. 常時使用する従業員の数が5人以上であること。ただし，「従業員」には，特例後継者と生計を一にする親族は，従業員の数に算入できない。
2. 事務所，店舗，工場その他これらに類するものを所有し，又は賃借していること。
3. 贈与日，相続の開始日まで，3年以上，次のいずれかの業務をしていること。
    イ．商品販売，役務提供等
    ロ．イを行うための資産（事務所等は除く。）の所有又は賃貸
    ハ．イ及びロの業務に類するもの

なお，設立後3年未満の新設会社は，この要件を満たせません。

（粕谷　幸男）

コラム 必要経費のはなし

　何が必要経費になるかは難しいテーマですので，これを考えてみましょう。

　まず，必要経費とは何か。税法にはその定義づけはないのですが，所得を得るために必要な支出のことを指すとして異論はないでしょう。所得税法は，「収入金額－必要経費」という計算構造を基本として所得金額を算出することとしています。ちなみに，譲渡所得の計算では，「資産の取得費」と「資産の譲渡に要した費用」を控除するとしていて，必要経費の用語は使用されていません。

　実際の税務調査のシーンで問題となるのが「家事関連費」の取扱いです。つまり，家事上の経費と事業上の経費の中間にあるもの，両方の性質を持つものを「家事関連費」と呼ぶのですが，このグレーゾーンの仕分けの問題です。この点について裁判所はどうみているかをご紹介しましょう。

　住居併設の産婦人科医院建設資金として借り入れした資金の利息の一部が否認されて争われた事例です。納税者は，建物の総床面積のうち50％を超える部分を事業用に使用しているから，この建物全体が課税上事業用資産であり，その取得資金に係る支払利息全額が必要経費であると主張しました。これに対し，裁判所は，所得税基本通達45-2（業務の遂行上必要な部分）のただし書きに，「当該必要な部分の金額が50％以下であっても，その必要である部分を明らかに区分することができる場合には」その必要な部分に相当する金額を必要経費に算入し得ると規定していることからも，「右通達の基準は当該支出が家事関連費であるが，業務の遂行上も必要で，その割合を金額で按分することが困難または相当でない場合の基準と解せられる。」と判断を示しました（大分地判昭和60.4.24税資145-150）。つまり，「業務の遂行上必要な部分」が50％以下であったとしても，その部分が区分できる場合には，家事関連費のその部分は必要経費に算入できるというわけです。

　必要経費の範囲は，歴史的にみると拡大の過程にあるといえます。今日では費用のみならず損失も必要経費の範囲に取り込まれています。そういう意味では，現在においてはある支出が必要経費であるとの認識が一般にないとしても，将来において必要経費として認められるということは十分にあると考えておきたいものです。

　例えば，従業員が配偶者1人だけの小規模事業では，専従者の慰安のための旅行費用は必要経費にはならないと考える税理士は少なくないでしょう。つまり，サラリーマン家庭の家族旅行と変わりがないから，所得計算上控除費目とはならないという考えです。裁判例では，事業に従事する家族の旅行費の福利厚生費を否認したことを妥当としたものがありますが，その配偶者や同居親族が事業に専ら従事していないというならともかく，家内労働に依拠せざるを得ない経営体に対して酷なものとならないでしょうか。理論上は，このような費用は必要経費となり得るものであることを前提にして，事実認定の問題と考えるべきではないでしょうか。

【岡田　俊明】

第1章　相続前

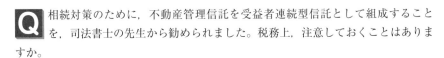

Q 相続対策のために，不動産管理信託を受益者連続型信託として組成することを，司法書士の先生から勧められました。税務上，注意しておくことはありますか。

A 受益者連続型信託は，財産所有者である委託者がその財産を数世代の受益者として数次の相続を通して指定できるのが特徴です。しかし，その信託が長期にわたるため，信託で指定された受益者を変更することが生じます。その場合，受益者が経済的な負担をすることなしに受益者として利益を受けることになれば，贈与税の課税が発生しますので，注意が必要です。

解 説

受益者連続型信託とは

　受益者連続型信託は，信託法の改正によって，導入されたものです。この信託契約を作成する目的は，不動産等の財産の所有者（委託者）が，生前に，この受益者連続型信託を組成することによって，自分が死亡したときに，自己の財産を配偶者へ，その配偶者が死亡したときは子供たちへと，予め指定された者に順次承継される点にあります。後継ぎ遺贈型受益者連続信託とも呼ばれます。

　この信託は，財産所有者が自分の財産を数世代の受益者として数次の相続で指定できるのが特徴です。

　遺言は，自身が死亡した時相続人等へ財産を遺贈等させるのみで，数世代にわたって，自己の財産の受遺者を指定することはできません。仮に，遺言書に数世代にわたる財産の承継者を書いたとしても，第一次相続のみに有効なもので，それ以後の相続に関する相続財産承継者を記載したとしても，その記載は自己の希望・要望を書いたにすぎず，法的な効力をもつものとしては扱われません。

　しかし，受益者連続型信託は，数世代への財産承継を，信託契約を通して実現できます。その信託契約の終期は，30年を超えても，受益権が消滅しない限り存続しますので，その組成の際は長期間の条件想定を相当高度な注意義務をもって行うべきということになります。

　そこで，受益者連続型信託契約継続中及び信託契約に基づく受益者の変更等から派生する税務上の課税問題を考えてみます。

信託期間中の課税問題

　信託が開始すると，委託者は税の世界から消えてしまい，受託者，受益者が主役として登場することになります。受託者は，受益者に毎年1回その信託計算書類の報告をすることとなります。なお，受託者は，信託契約の定めがあれば信託事務の処理を第三者に委託することができます。それゆえ，受託者の権限，義務等に関する法律的な相談は司法書士が当たり，受託者の帳簿作成等の信託計算等の業務に関する税務会計は税理士に委託することができます。専門家への再委託で，受託者の責任・義務を緩和・軽減することができます。

　受益者は，信託財産に属する資産及び負債を有するものとみなし，信託財産に帰せられる収益及び費用は受益者の収益及び費用とみなされて，所得税や法人税の計算をすることになります。そのため，受益者自らは，不動産から生まれる収益等の計算をすることなしに，受託者がした計算書を受益者の計算書とみなすことになります。なお，受益者が信託財産とは別の不動産を所有していて，そこから不動産所得が発生する場合には，受益者の不動産所得は信託財産からのものと固有財産からのものとを損益通算することなしに合算して計算をします。受益者の青色申告の選択については，その記帳は受託者が青色申告の記帳義務を満たしたものであるとの前提で，青色申告の承認申請を受益者がすることになります。

受益者・受益権とは

　受益者とは，受益権を有する者です。受益権とは，信託行為に基づいて受託者が受益者に対し負う債務であって信託財産に属する財産の引渡しその他の信託財産に係る給付をすべきものに係る債権（受益債権）及びこれを確保するために信託法に基づいて受託者その他の者に対し一定の行為を求めることができる権利をいいます。

　受益権は，信託行為の定めにより受益者として指定された者が取得することになります。しかし，信託の目的遂行上，受益者を指定し，又は，変更する権利を有する者を定めることを信託法は許容しています。受益者指定権・受益者変更権の定めのある信託では，受益者指定権等は，受託者に対する意思表示によって行使することになります。また，受益者は受益権を放棄することも譲渡することもできます。

受益者の変更等に伴う所得課税

　信託の組成に当たっては，通常，受益者の受益意思の確認をとらないで指定をするため，受益権の放棄が起こり得ます。受益者が受益権を放棄した場合には，どのような問題が発生するのか検討してみましょう。もちろん，受益者が受益権をわざわざ放棄するケースは考えにくいのですが，世の中，何が起こるのかわからないのが現実ですから，そのことも考慮しておかなければなりません。また，当初受益者として予定

していた者が死亡してしまい受益権の承継者が不存在となるケースが発生することもあり得ます。

受益者連続型信託の受益者変更の多くの原因は、受益者の死亡によるものです。

不動産管理信託である「受益者連続型信託」の受益者として、次のように指定されていたとします。

第1次の受益者は、A（母親）とし、Aが死亡した場合は、B（子1）とC（子2）が第2次の受益者に指定されていたとします。さらに、A（母）の死亡により、Cは、元本受益権は受益しないが収益受益権の2分の1を取得することとしていたとします。しかし、Aの死亡により、信託契約にかかわらず、Cがその収益受益権を放棄したとしたら、どのような課税問題が発生するでしょうか。

Cの受益権の帰属が他の受益者（B）に帰属するのかしないのかによって、Cの受益権相当部分が法人課税信託になるのか、あるいは法人課税信託にはならないのかという問題になります。それは、受益者が存在しないケースは法人課税信託の課税となるからです。法人課税信託と受益者課税信託とではその課税の方法が全く異なります。

Cが収益受益権を放棄等した場合には、その収益受益権を他の者（B）に承継されるとする受益者変更条項が定められていれば、あるいは、「特定委託者」（相続税法）を定めるか、若しくは、Cに代わる受益者Bが存在することになれば、受益者課税信託のままで、法人課税信託には該当しないことになります。

Bは、そのまま、2分の1の信託受益権を保有しているので、Bは信託から帰属する収益費用の2分の1の不動産所得計算をします。Cは受益権を放棄したため、その放棄した受益権が他の受益者であるBに帰属する旨の定めがある場合には、その受益権はBに帰属し、単独分と新たな帰属分とを合わせて、その所得計算を行うことになります。

受益者の変更に伴う贈与税等

通常、新たに指定されたB又は新たな受益者は、経済的な負担をすることなしに、Cの受益権を引き継ぎます。そこで、B又は新たな受益者がCの放棄に対応する受益権を経済的な負担をすることなしに承継した場合には、贈与税の課税問題が発生します。

なお、受益者の変更が、前の受益者の死亡に伴って新たな受益者が受益権を取得する場合には遺贈となります。その場合は、贈与税ではなく、相続税の課税対象となります。

(粕谷　幸男)

コラム 政治家の税金

政治資金の「規正」

　税理士からみると，政治資金は非課税になっているとの認識が一般的かもしれません。政治資金は，政治資金規正法で「規正」されています。「規制」ではない点は注目してよいでしょう。「政治資金の授受の規正」というからには，「悪い点」があったことを認める法律か，と突っ込みも入れたくなるところですが，この法律は，政治資金のやりとりについて直接制限しようとするものですから，「規制」といっても間違いではなさそうです。

　法人は国会議員などの政治家にはなれませんから，政治家の税金という場合，基本的には個人の税金問題になります。例えば，政治家個人Aにその活動を支援する個人Bが資金援助する場合を想定すると，これは個人Bから個人Aへの贈与と考えられ，受贈者個人Aに対する贈与税の課税が，その資金援助が法人Cからのものであれば，個人Aには一時所得として課税がなされることになります。

　そこで，政治資金は政治活動の費用なので，一般の贈与とは扱いを変えようという発想が生まれます。つまり，政治家個人に対する受贈益として課税するのは酷だと考えるのです。政治資金規正法は，平成7年の改正で政治家個人は政治資金を受け入れることはできないこととされました。受け入れられるのは，「政治資金団体」のみとされたのです。

政治家個人の政治資金収入

　現在は，政治家個人が個人献金を受け取ることはできませんが，例外があって，公職の候補者への寄附は「選挙運動に関するものを除き」金銭等によるものは禁止されます。ということは，選挙期間中の金銭等による「陣中見舞い」は受領できます。上限は寄附者一人当たり年間150万円です。この収入は，選挙管理委員会に報告されていれば，所得税・贈与税は非課税となります。

　このほか，個人や政治団体から受ける「政治活動のための物品等による寄附」があり，また，政党には政党助成金及び立法事務費が支払われますが，政党から受ける政治活動資金も個人の収入です。ちなみに，日本共産党は政党助成金を受領していません。

　閣僚の不明朗な事務所費の使途が度々問題とされてきました。政治資金が課税対象ではないとしても，不明朗な政治資金の支出があって，そのうちに私的な流用があった場合は，雑所得として個人の課税対象とされなければなりません。

税務署は政治家に弱いか

　国税庁の名誉のために言及しておきますが，政治家への税務調査は実施されています。しかし，その内容は公表されていませんので，国税庁は政治家に弱腰だなどと目されるのは可哀想ではあります。もっとも，違法な政治資金の収入は課税対象です。【岡田　俊明】

Point 9 民事信託 不動産管理信託における受益権価額評価

「受益者連続型信託」の受益者の変更に伴う相続税の課税価格とその課税の取扱いは，どのように，理解すればよいでしょうか。

信託の受益権を元本所有権と利用権ないし収益権に区分したとしても，不動産管理信託の受益権の対象は，受益者が不動産の利用権ないし収益権のみを享受します。そのため受益者が元本受益権（所有権）を持たなければ，「受益者連続型信託」の受益者の変更に伴う相続税の課税価格は，不動産そのものとして評価します。しかし，法人が受益者で不動産の利用権ないし収益権のみを受益する場合には，不動産に付着している元本受益権を不動産価額から控除した額が評価額となります。

解説

適正な対価を負担せずに取得した場合

「受益者連続型信託」に関する権利を受益者（受益者が存在しない場合には特定委託者）が，適正な対価を負担せずに取得した場合の税法上の定めは次のとおりです。

1. 受益者連続型信託では，受益者の死亡による場合には，遺贈により受益権を取得したものとみなされ，それ以外では贈与により取得したものとみなされます。
2. 受益者連続型信託に関する権利の価額は，受益者連続型信託の利益を受ける期間の制限その他の受益者連続型信託に関する権利の価値に作用する要因としての制約が付されているものについては，その制約は付されていないものとみなして権利の価額を計算します。
3. 異なる受益者が性質の異なる受益者連続型信託に関する権利をそれぞれ有している場合（収益受益権と元本受益権の受益者が異なっている場合）で，かつ，その権利の一方に収益に関する権利が含まれている場合には，その権利の価額は，2と同様に計算します。
4. 受益者連続型信託に関する権利を有することとなる者が法人（人格なき社団等を含む。）である場合には，法人の収益受益権と個人の元本受益権を別々に計算しますが，2の適用はありません。

では，以下に具体的にみてみましょう。

収益不動産の場合

受益者連続型信託の場合に，信託対象がアパートなどの収益不動産で，その収益受益権

者が甲，不動産そのものの元本受益者を乙とした場合に，甲の収益受益権は，土地や建物そのものとみなして，相続税等の課税価格の計算をします（相続税法基本通達9の3）。

この信託の目的は，その不動産から収益を発生させ，それを受益者甲に受益させることとなります。一方，元本受益者の乙は，その目的が終了等をしない限り，つまり，信託契約が終了しない限り，元本受益権の収益は発生しません。すなわち，その信託が継続している間は，元本受益権者は経済的な利得を得ることができないため，元本受益権の相続税の課税価格はゼロとされます。

居住用不動産の場合

受益者連続型信託の場合に，信託対象が居住用不動産で，その使用・利用の受益権者が甲，不動産そのものの元本受益者を乙とした場合に，甲は収益受益権を持っておらず不動産所得が発生しませんが，使用・利用権は信託期間内において独占的にその不動産を居住用として使用・利用することができ，乙は信託が終了等しない限り利用できません。そこで，甲の受益権の課税価格は土地と建物の価額として評価し，元本受益者乙の課税価格はゼロと評価をします。すなわち，居住用不動産の場合も，使用・利用による受益権は一生涯に及ぶので，その受益権は，土地・建物の課税価格とみなすのです。

受益者の変更の理由が，先の受益者の死亡の場合には，遺贈とされ，それ以外の場合は贈与とされます。

受益権者が法人の場合

受益者連続型信託の場合に，不動産の元本受益権が個人で，その使用・利用権に関する受益権ないし収益受益権が法人（人格なき社団等を含む。）の場合には，受益権の内容により，相続税の課税価格は，いわゆる賃借権か収益受益権として評価し，元本受益権者である個人は，土地・建物相続税評価額から，法人の賃借権ないし収益受益権価額を控除した残額の価額を評価額とされます。

具体的な課税関係

◆第1次相続時の受益者の変更

夫Aの死亡により，妻Bが受益者として，自宅不動産，アパート，金融資産を対象とする信託受益者の地位を承継したとします。そこで，Bは，自宅土地1億円，建物5千万円を遺贈により取得し，小規模宅地の特例の適用ができます。また，アパート土地7.9千万円，建物3.5千万円についても，貸家建付地の適用，小規模宅地の特例が適用できます。

◆第2次相続時の受益者の変更

母Bの死亡に伴う受益者の変更について，子C・子Dのうち自宅と金融資産の受

益者がCとなる場合Bの受益者変更に伴う遺贈による居住用不動産と金融資産の受益権の課税の取扱いは，第1次相続のケースのBと同様です。アパートの収益受益権の2分の1をCがBから承継し，さらに，Dがその2分の1の収益受益権を放棄して，その地位をCが承継する場合には，Dは，はじめから受益権者の地位を得ていないこととされますので，Cが最初から収益受益権をBから承継したものとされます。受益者Cは，受益者Bからの遺贈により，収益受益権を承継することになりますが，その価額は，土地と建物そのものの財産評価通達による価額となり，貸家建付地の適用，小規模宅地の特例が適用できます。

適正な対価を受領するものとしての受益権の譲渡

受益権者は，その受益権を他の者に譲渡することができます。譲渡物は受益権ですが，所得税法では，その受益権の目的となっている信託財産が譲渡されたものとみなされることになります。また，信託受益権が共有等により複数の者が有する場合には，その持分に相当する部分を譲渡したものとされます。また，事業用資産の買換えの特例や交換の特例が適用できます。

受益権の譲渡とする信託財産について，例えば，アパートの土地・建物とその借入金等である場合には，その譲渡収入金額は，借入金や敷金等の債務額に対価として受領した金額を加算した金額となります（所得税基本通達33-1の7）。

また，受託者に受益権譲渡のための信託報酬を支払った場合には，譲渡費用となります。

受益権放棄等への対策

信託法には，受益者がする権利行使に関し，それを制限することの禁止規定が定められています。受益権の放棄の権利行使は，それを行使することを制限できません。そのため，信託契約で受益権の放棄に関する制限を定めることはできないことになります。すなわち，受益権の放棄を阻止することはできませんので信託を組成する前に，予定される受益者に受益権を放棄しないことの確認をしておくことも必要でしょう。受益者は受益権の譲渡もできますので，その譲渡をDに勧めることもその対策となり得ます。

また，受益権の放棄だけでなく，第2次の受益予定者が死亡し，予定している受益者が不存在となるケースも想定しておかなければなりません。それに備えた第2次・第3次の受益者を指定しておくことや特定委託者を定め，新たな受益者を指定できるようにしておくことも必要となるでしょう。しかし，いずれにしても，受益者の死亡以外を原因とする受益者の変更は，受益権の贈与となりますので，想定されるケースにおける贈与税のシミュレーションを，信託組成前に提示し，その記録を開示しておく必要があるでしょう。

（粕谷　幸男）

コラム　書面はいつまでに送らなければならないか

　国や自治体が国民や住民に何かを伝えるという場合，あるいはその逆に国民や住民が行政機関などに何らかの行為をする場合に，書面を送付することで初めてその法律上の効果が出たり，ある時までに書面を提出しなければ効果が生じなかったりということがあります。

　納税者のみならず税理士にとっても特に気を付けたいのが，書面提出期限です。税理士職業賠償責任保険の支払請求事例で意外に多いのが，提出すべき書面の期限徒過や失念といわれています。専門家にとってはその業務のイロハに属する問題のようにも思われますが，税務手続上のミスが実際には相当生じているということの表れでもあるのですから，これは大変なことです。

　期限の定めは，源泉所得税でいえば「翌月10日」，所得税の確定申告でいえば「3月15日」，所得税の予定納税第1期分では「7月31日」などの確定日が期限であり，法人税申告でいえば「事業年度終了の日の翌日から2月以内」，相続税申告では「相続の開始があったことを知った日の翌日から10月以内」というように期間の末日の場合もあります。

　ところで，納税者が税務署に申告書などの書類を提出する場合に，その効力発生時期はいつかという問題があります。民法は，「隔地者に対する意思表示は，その通知が相手方に到達した時からその効力を生ずる。」（民法97条）と規定しており，これは「到達主義」と呼ばれます。したがって，納税者が提出した書類が，原則として税務署に到達した時に効力が生じます。

　原則であるからには例外があります。納税申告書，更正の請求書，異議申立書，審査請求書，延納届出書などの書類が，郵便又は信書物で提出された場合は，「発信主義」が適用になります。この場合，郵便物又は信書物の通信日付印により表示された日に提出されたものとみなされます（国税通則法22条）。また，その表示がないか明瞭でないときは，その郵便物又は信書便物について通常要する送付日数を基準とした場合にその日に相当するものと認められる日にその提出がされたものとみなされます。

　郵便物が役所に到達したものの，その封筒に書類が入っていないという場合はどうなるでしょう。この場合の立証責任は納税者側になるでしょう。税務署内では納税者から送られた封筒を一定期間保管して見直し作業の中で期限内に提出された確定申告書が医療費の領収書の袋から出てくるなどということもあるそうです。封筒に入っていた書類が紛失することはあり得るとしても，それを立証することは納税者にはほとんど不可能です。役所サイドとしては，開封した際に何も入っていないならば，その旨を記録して納税者に通知すべきでしょう。それもしていなかったら，役所に不利益なことになるという取扱いが必要かと思われます。しかしながら，そのような通知を行うことは，現在のところ役所には義務づけられていません。

【岡田　俊明】

民事信託
生活介護型民事信託の課税

 高齢者の終活に当たり，成年後見制度よりも生活介護型民事信託制度が注目されてきていますが，この信託のメリットと税務の取扱いを教えてください。

生活介護型民事信託は，成年後見制度を補うものとして，最近，注目されてきました。この信託の受益権は生活介護サービスと財産管理，その後の相続の遺言に代わる機能を持っています。受託者の家事労働が有償化できるメリットと受託者の責任とで，受益者の保護が図れます。また，受託者の計算書類の作成義務と家事労働の課税，信託ごとの損益計算を行うルールとなっています。

解　説

生活介護型民事信託とは

　生活介護型の信託といっても自宅等の不動産の管理信託も含まれますが，賃貸等の収益を稼得する運用型の不動産管理を目的とする信託ではなく，受益者の生活に関連する不動産や金融資産を信託し，その信託財産の使用目的は，受益者の生活や介護です。

成年後見制度との違い

　高齢者の生活介護のためには，成年後見制度があります。制度的には，高齢者の財産管理のための制度としてはこちらが中心的に運用されています。ところで，成年後見制度では，高齢者の財産の運用・管理・処分に裁判所（司法権）の関与を求めるため，司法という国家権力が私的家庭経済に入り込み，私人としての自由な消費経済活動に広い意味で司法からの制約がかかるようにみえる点で否定的な印象を持たれる方もいるでしょう。

　信託制度では，委託者の財産を受託者に信託し，成年後見制度でも，後見人が高齢者の財産を管理します。その意味では，信託においても，成年後見においても，依頼者からの財産を管理することは共通しています。財産管理を任される受託者は，信託法で定められている責任・義務が課され，受益者のために信託を行う使命があります。信託が財産管理や高齢者の生活介護を成年後見制度レベルで維持できれば，高齢者生活介護での国の関与を減らし，民間だけで高齢者の財産管理ができ，国の予算を使用しなくてもよいとする効用があるのではないでしょうか。また，信託では，信託報酬だけではなく，生活介護にかかったコストを受託財産から支弁できますので，無

償の家事労働を経済活動へと質的変化を果たすことができる効用もあり，結果として，親族介護者等の寄与分の清算を実現できることにもなります。

生活介護型民事信託の具体例

委託者で高齢者である父Aが，信託の受益者となり，その子Bが受託者（介護者）とした場合，信託財産を不動産所得の生ずる不動産と自宅及び金融資産とする信託を組成します。その信託の目的は，「受益者の老後の安定した生活及び財産に見合った最善の福祉を確保する」生活介護目的とすることや，受託者Cに生活介護費の手当を支払うとすることを信託に組み込みます。

生活介護型民事信託の課税

生活介護型民事信託の課税類型は，一般的に，受益者課税信託です。委託者と受益者が一致する自益信託の場合には，信託設定時の資産異動に関する税の発生はありません。ここで，問題となるのは，受託者Bへの生活介護報酬に対する課税問題です。

■受託者の家事労働の提供■

受託者がする受益者への介護や生活支援の労働の対価を支払うことについては，利益相反行為に当たる可能性も考えられます。しかし，信託法では，「受託者が当該行為をすることが信託の目的の達成のために合理的に必要と認められる場合であって，受益者の利益を害しないことが明らかであるとき，又は当該行為の信託財産に与える影響，当該行為の目的及び態様，受託者の受益者との実質的な利害関係の状況その他の事情に照らして正当な理由があるとき」（同法31条2項4号）には，利益相反行為であったとしても許容されるものとされています。そのため，信託契約の設定時に，その家事労働手当を受託者に対して家事労働の対価として信託財産から支弁することを信託契約で明示していれば，許容されるものと考えられます。

■受託者の家事労働手当への課税■

家事労働の手当が信託財産から支弁される場合の課税の取扱いは，その職務の内容により，給与所得か雑所得に該当します。その所得計算は，「家内労働者等の事業所得等の所得計算の特例」により計算します。その所得が雑所得だけであれば，65万円の必要経費が認められます。

月額8万円の家事労働手当が支給される場合には，子Bには給与として，給与収入から給与所得控除を控除して31万円の所得となります。そこから，基礎控除38万円が控除されますので，課税所得は0円になります。そのため，所得税の負担はなく，無税で，信託財産から財産移転が適法になされます。

また，受託者の信託報酬については，受託者が信託財産から信託報酬を受ける定め

が信託契約上にある場合に限り，受領することができることとされています。そこで，受託者が，信託財産から信託報酬を受領する場合には，通常，民事信託は信託を業として営むのではありませんので，その信託報酬は雑所得に該当します。家事労働手当の給与所得と信託報酬の雑所得と合わせて，信託財産から子供に信託事務を通して財産移転ができることになります。

信託契約ごとの所得計算

　信託から生ずる不動産所得の損失は，生じなかったものとみなされるとの規定が租税特別措置法にあります。この規定は，航空機リース等の節税策として信託を租税回避に使われることに適切な対応措置をとるとして制定されたものです。その規定によって，信託の不動産所得の損失は他の不動産所得と損益通算はできないこととされました。

　例えば，損益通算をしたい不動産所得を生む不動産を全て，一つの信託契約で不動産管理信託を設定すれば，一つの信託契約ですので，信託された不動産の不動産所得は合算したところで計算をすることになります。実質上，損益通算をすることになります。もし，不動産を別々の信託契約にすると信託ごとの不動産所得の計算となり，損失がないものとみなされ，損益通算ができないことになりますので，注意が必要です。また，管理する不動産が多岐にわたり一人の受託者では管理できない場合には，受託者を2人以上とすることもできますし，不動産を追加信託することも契約で明記すれば可能です。

　信託法では，不動産管理信託を組成するに当たって，一つの不動産だけでも信託できますし，複数の不動産でも信託できます。自由に組成できるのが信託の特徴です。

　しかし，不動産所得に赤字が発生する不動産の信託については，税法の取扱いを前提に組成をしていかないと，クレームの対象となりかねません。

　それゆえ，信託のスキームを決定づけるのは信託法ではなく，税法といえなくもありません。法人税法で，よくいわれる逆基準性の原則，すなわち，経済取引のベーシックなルールである会社法や会計基準が法人税法を規制するのではなく，法人税法が，それらを規制する原理が存在します。それを逆基準性の原則といいますが，まさに，信託の世界でも，税法が信託法を規制するという逆基準性の原則が発現されているのではないかと考えます。したがって，税を考慮しないで信託の組成はできないものと断言してよいでしょう。

　また，受託者の計算書の報告義務は，税法に計算書の作成義務が定められていますので，税理士以外にアドバイスができる資格士業はありませんので，この信託の組成に当たっては，税理士の関与が必要です。

（粕谷　幸男）

コラム　領収書と印紙税

　私たちが顧客となって，商店やスーパー，コンビニなどで商品を購入して代金を支払った時に，商店などから代金と引換えに渡される文書を，一般に「領収書」，「領収証」，「レシート」，「受領証」などと呼んでいます。これらは代金を支払った場合に，商店やスーパーから渡されるものであり，代金受領の事実を証明するものです。そして，私たちが顧客として代金を支払って領収書を受け取るときには，それほど気にしないのですが，顧問先の企業から聞かれると気になるのが領収書に貼る「印紙」です。印紙税法では，領収書のことを「受取書」と呼びますが，全ての受取書が印紙税の課税対象となるのではありません。課税対象となる受取書は，①売上代金に係る金銭又は有価証券の受取書と，②金銭又は有価証券の受取書で①に掲げる受取書以外のものの2種類です。ただし，「金銭又は有価証券の受取書」であっても記載された受取金額が5万円未満であれば非課税文書になるし，「営業」に関しない受取書も非課税文書となります。

カードによる支払と印紙税

　現代は信用取引やコンピュータの技術が高度に発展している社会であって，支払手段が金銭や有価証券だけではなく様々なカードによる支払が行われています。クレジットカードによる支払の領収書は課税文書になるのでしょうか。実はクレジットカードによる支払は信用取引を行っただけであり，カードを切った時には，まだ支払ったわけではありません。ですから，その領収書は「金銭又は有価証券の受取書」ではないので，領収書に「クレジットカードによる支払」と表示すれば課税されないのです。ただし，「クレジットカードによる支払」の表示がない場合には課税文書となるので要注意です。

　なお，金融機関のキャッシュカードのように「即時決済」機能を持つものをデビットカードといいますが，この「デビットカードによる支払」による領収書は金銭の受取書と考えられるので課税文書となります。また「プリペイドカードによる支払」による領収書も有価証券の受取書と考えられるので課税文書となります。しかし「ポイントカードによる支払」による領収書は金銭や有価証券による支払ではないので課税文書ではありません。

インターネット等を利用して作成される領収書と印紙税

　最近はWebサービスによって領収書を発行する企業が増えています。この領収書についてはどうなるのかと疑問に思われた方もいると思いますが，国税庁HPでは，「請求書や領収書をファクシミリや電子メールにより貸付人に対して提出する場合には，実際に文書が交付されませんから，課税物件は存在しないこととなり，印紙税の課税原因は発生しません。」とはっきり課税されないと書かれています（印紙税に係る「その他法令解釈に関する情報」の「コミットメントライン契約に関して作成する文書に対する印紙税の取扱い　問2」）。

【背戸柳　良辰】

第1章　相続前

財産分与と被分与者の税金

Q 女性の顧客から，10年前に離婚した時，夫から不動産を財産分与してもらったのですが，近々それを売りたいという相談がありました。どのような点に注意したらよいでしょうか。

A 離婚に際して財産を分与してもらうことがありますが，民法上の財産分与という制度自体がまだ一般によく知られていません。まずこの法制度を十分に理解した上で，税務上の手続について考える必要があります。

解　説

わが国の離婚件数はほぼ一貫して増加しています。厚生労働省の人口動態統計によれば，平成28年では約21万7,000組で，離婚率は（人口千対比），1.73と推定されています。この傾向は，今後も変わらないものと思われます。まさに離婚大国と言えるでしょう。そのうち，どれだけの夫婦が財産分与を行ったかは不明ですが，平成25年度では，1,490組が家庭裁判所に財産分与の申立てをしています。申立ては離婚した元夫，元妻のいずれからも請求できますが，やはり元妻が多く，その内1,145人が元妻となっていました。したがって大半の離婚においては，夫婦双方の協議によって財産分与が行われていると思われます（司法統計平成25年）。この財産分与については，不動産を配偶者に財産分与した場合には分与者の譲渡所得の対象となることは，最高裁の判決もあって，通達により明らかにされています。

> **所得税基本通達33-1の4**（下線部分は筆者が加筆）　民法第768条《財産分与》（同法第749条（婚姻の取消し）及び第771条（裁判上の離婚）において準用する場合を含む。）の規定による財産の分与として資産の移転があった場合には，その分与をした者は，その分与をした時においてその時の価額により当該資産を譲渡したこととなる。

しかし，財産分与により不動産を取得した被財産分与者（以下「被分与者」という。）側の税務については，あまり注目されていないようです。

民法の財産分与制度

民法上離婚した者の一方は，相手方に対して財産の分与を請求することができるとされています（民法768条1項）。この離婚については協議によるものだけでなく，

裁判によるもの（民法771条）や，婚姻の取消し（民法749条）も含まれます。ただし，財産分与の請求は，離婚してから2年間しかできません（民法768条2項）。

財産分与は，離婚した元夫，元妻のいずれからも請求できます。また，協議が成立しない場合には，家庭裁判所で，当事者双方が，その協力によって得た財産の額その他一切の事情を考慮して，分与をさせるべきかどうか並びに分与の額及び方法を決めることになります（民法768条3項）。

財産分与の対象となる財産は，夫婦の共有財産はもちろん，民法762条の特有財産も，財産分与の対象となります。要するに，婚姻中に夫婦の協力で得た財産が対象となり，特有財産であっても，実質的に夫婦の共有財産と認められる場合は，財産分与の対象になり得ます。ただし，婚姻前から各自が所有していたもの，婚姻中であっても一方が相続，贈与等により取得したもの，社会通念上一方の固有財産とみられる衣類，装身具などは，財産分与の対象にならないとされています。

被分与者の課税関係

(1) 財産の取得時

被分与者は，財産分与によっては原則として贈与税は課税されないことになっています。しかし，例外として，贈与税が課される場合があるのです。それは，相続税基本通達によって明らかにされています。

> **相続税法基本通達9-8** 婚姻の取消し又は離婚による財産の分与によって取得した財産…については，贈与により取得した財産とはならないのであるから留意する。ただし，その分与に係る財産の額が婚姻中の夫婦の協力によって得た財産の額その他一切の事情を考慮してもなお過当であると認められる部分における当該過当である部分又は離婚を手段として贈与税若しくは相続税のほ脱を図ると認められる場合における当該離婚により取得した財産の価額は，贈与によって取得した財産となるのであるから留意する。

ここで「過当」というのは，適当な程度を超えること，分に過ぎることという意味ですから，かなりあいまいな感じがしますが，この通達の文言からうかがえるのは，要するに「財産分与」であれば無条件に認められるものではないということです。もっとも，家庭裁判所が関与するような訴訟，調停，審判においては，通常は，そのような「過当」な財産分与が行われることは考えにくいのですが，家庭裁判所が関与しない協議離婚においては起こり得るかもしれません。また離婚を手段として，ほ脱を図る場合とは，いわゆる偽装離婚であって，そもそも離婚の実態がないのですから，当然のことと思われます。

判例（横浜地判平成8.11.25税資221-475）も，この基本通達については「財産分与に仮託して資産の譲渡が行われたり，諸般の事情に照らし，明らかに過大な財産分与が行われたような場合を指しているものというべきであ」るとしています。また，

同事件の控訴審（東京高判平成9.7.9税資228号26頁）では「本件財産分与の総額は、前認定のとおり時価にして18億円を超えるものであって、極めて高額であることは事実であるが、控訴人の総資産からすれば、半分以下にとどまるものであり（配偶者の相続分が2分の1以上であることを想起すべきである。）」と判示し、<u>過大な財産分与の判断基準として、分与者の総資産の2分の1以上という目安</u>を示しています。

(2) 財産の譲渡時

被分与者が、離婚により財産分与で取得した資産を、その後に譲渡した場合には、譲渡所得として、所得税が課税されることになり、その資産の分与時の時価が取得費とされています。

> 所得税基本通達38-6　民法第768条《財産分与》（同法第749条及び第771条において準用する場合を含む。）の規定による財産の分与により取得した財産は、その取得した者がその分与を受けた時においてその時の価額により取得したこととなることに留意する。

これは、財産の分与者の譲渡収入と被分与者の取得費は、あたかも売買の売主と買主の関係と同様に、同じ金額（財産分与時の時価）となることを明らかにしています。ここで注意が必要なのは財産分与時の時価であって、離婚の時の時価ではないことです。また財産分与が行われた時点が、譲渡所得の長期、短期の基準の起算点となります。

(3) 被分与者の死亡時（相続開始時）

被分与者が死亡し、相続が開始されたときは、分与財産を相続した相続人は、被相続人である被分与者の取得費を引き継ぐことになります。つまり、その資産を取得した人（相続人）が初めから引き続き所有していたものとみなして、その取得費を計算することになります（所得税法60条1項）。

時価情報の重要性

以上のように、被分与者は、将来その分与資産の譲渡所得の申告の際に「取得費」として、その時価情報が必要となります。できれば、財産分与者の確定申告の写し等の情報の入手が望まれます。ところが、実際には、被分与者は原則として財産分与時に課税されないので、失念することが多いのです。

もっとも、被分与者が、離婚紛争という愛憎が絡む複雑な状況下において、相手方から分与財産に関する時価情報を入手できるのでしょうか。そもそも、そのような時価情報の将来における必要性を考える余裕が果たしてあるだろうかとも思われます。そのため今後、分与者からの時価情報の提供の方法について立法措置も含めて考える必要があると思われます。

（背戸柳　良辰）

コラム 夫婦の財産

　戦後，新憲法の下で新民法が制定され，家族制度が見直され，個人主義が徹底されたはずなのですが，その不徹底さが今日においても問題となっています。

　戦前の民法下では，夫婦いずれの所有かがはっきりしない財産は，夫の財産であるとの推定を受けました。妻が，婚姻前に所有していたものか婚姻後所有したものかを問わず，その財産の使用収益は一般的に夫に帰属するとされていました。夫の権利，あるいはその地位は絶大であり，妻の所有権は名ばかりでした。これが新民法では，夫婦別産制を採用しました。夫婦の同権，男女の経済的平等という憲法14条，24条を具体化したものであり，現行民法では，夫婦のいずれの所有であるかが明らかでない財産は，夫婦の共有財産になります。

滞納と夫婦の財産

　夫が，自分が負担すべき税金を滞納し，差押え等の滞納処分を受けた場合，夫所有の財産であればその差押えは可能ですが，婚姻前から妻が所有する財産を差し押さえることはできません。それでは，婚姻中に購入した財産は差し押さえ可能でしょうか。

　例えば，家族が日常共通して使っている家具の場合はどうでしょう。名義は定かではなく，長年使用しているうちにわからなくなってしまうことはよくあることです。夫のみが働いている世帯であれば，収入は夫が稼得していたのであるから夫のものだと決めつけることはできそうです。しかし，それでは，夫婦いずれかの所有かが明らかでない財産を夫の財産であると推定するのですから，旧民法と変わらないことになるのではないか，そう考えると微妙です。もっとも，夫婦共働き世帯なら，婚姻後取得した家財は夫婦の共有財産です。

　そこで問題になるのは，夫の滞納税金の徴収を夫名義の財産の差押えだけで不足する場合，共有財産を差押えできるかということです。その財産の中に，妻しか使用することのない財産があった場合，それは「妻の財産」とみなすことが必要ではないでしょうか。つまりは，特別に慎重な配慮をもって処分官庁（税務署や自治体）は，処分に当たらなければならないということです。

財産を誤った滞納処分

　もっとも，共有財産を差し押さえた場合，税務官庁はその共有財産のうち夫の持分について夫の権利を行使できます。

　ところで，税務官庁が夫の税金の滞納処分をした際に，誤って妻の財産を処分した場合はどうなるでしょう。当然，妻はその差押え等の処分の不服を申し立てることができます。その場合は，税務官庁はその財産を換価し配当することは原則としてできません。

　こうしたことは，夫婦間だけの問題ではありません。他人の財産を預かっている場合や他人の財産を借りている場合に，関係のない他人の財産が差し押さえられるということが起こり得るのです。

【岡田　俊明】

第1章 相続前

 家財道具や書画，こっとうを売った場合の税金

Q 一人暮らしの高齢のご婦人から，そろそろ終活として，身辺整理をしたいと相談がありました。具体的には所有する不要な家財道具や書画こっとう品を売却処分したいということでした。売った場合の税金はどうなるのでしょうか。

A 所得税法では生活用動産を譲渡した場合に譲渡所得が生じても非課税とされています（所得税法9条1項9号）。この生活用動産の範囲については同法施行令25条に定められています。他方で「生活に通常必要でない資産」（同法施行令178条）を譲渡したことによる所得は課税されることになっています。しかし超高齢社会となった現代においては，定年後の長い人生を考慮すると，生活用動産の範囲は実情に合わなくなっているように思われます。

解 説

生活用動産の取扱い

　所得税法では，生活に供する動産の譲渡所得について，生活に通常必要かどうかによって取扱いを分けています。「生活に通常必要なもの」の譲渡所得は非課税とし，「生活に通常必要でないもの」の譲渡所得は課税対象としています。非課税となる動産は「自己又はその配偶者その他の親族が生活の用に供する家具，じゅう器，衣服その他の資産で政令で定めるもの」です。具体的には，一個又は一組の価額が30万円以下の①貴石，半貴石，貴金属，真珠及びこれらの製品，べっこう製品，さんご製品，こはく製品，ぞうげ製品並びに七宝製品や，②書画，こっとう及び美術工芸品に限定されています。

　これらの資産の譲渡所得を非課税とする趣旨は，①零細な所得を追求しないという執行上の配慮，②家庭用動産は，本来投資又は投機を目的として所有しているものではなく，通常の場合に，その購入価格又は取得価額以上で売却できるのは，価格の一般的な変動以外にはほとんど考えられないこと，③減価する資産については，取得価額として売却代金から控除する未償却残額は，税法上画一的に定められた耐用年数により計算されるため，その譲渡益はたまたま計算上生み出された利益にすぎないこと，④生活上の節約について所得として課税する結果ともなりかねないことが理由とされています。

　これらが譲渡資産である以上，納税者が所有しているものでなければなりません。夫婦の間では，その一方が婚姻前から有する財産及び婚姻中自己の名で得た財産は，

その特有財産となります。どちらか明らかでないものは共有と推定されます（民法762条1項，2項）。そして，それらを生活の用に供していなければなりません。業務の用や事業の用に供していないことが必要です。"用に供している"者は，「自己」だけでなく配偶者か，その他の親族でもよいとされます。もっとも，この場合の親族は自己と生計を一にしている必要はありません。

譲渡の意味と譲渡損

　所得税法33条は「譲渡所得とは，資産の譲渡による所得をいう。」としています。この「譲渡」について所得税法には定義規定がないので解釈によることになりますが，国税庁のタックスアンサー（NO.3105）では「譲渡とは，有償無償を問わず，所有資産を移転させる一切の行為」をいうとしています。そこに列挙されている事例は売買，交換，競売，公売，代物弁済，財産分与，収用，法人に対する現物出資などです。つまり所得税法では「譲渡」という用語の意味は日常の言葉とは異なる特殊な意味として考えられて，その意味する範囲がとても広いのです。

　次に，生活用動産の譲渡により譲渡損が出た場合にどうするかという問題が生じます。所得税法は，この場合には譲渡損はないものとみなすとしました（同法9条2項）。したがって，損益通算の規定の適用もありません。結局「生活用動産」の譲渡によっては所得も損失も生じないのです。ネット取引などで中古品の動産の売買が盛んになってきている現代においては，むしろ，譲渡所得の非課税の取扱いよりも，譲渡による損失をなかったものとみなす，この方の影響が大きいのではないでしょうか。

　これに対して，生活に通常必要でない資産は，非課税にならないのですから譲渡所得が生じた場合には課税されることになります。しかし譲渡損失が生じた場合には他の所得との損益通算ができないことになっています。さらに平成26年の改正により，従来可能であったゴルフ会員権等の譲渡損について損益通算ができなくなっています。

　なぜ，損益通算を認めないかについては，次のように説明されています。「譲渡損失は趣味・娯楽のための行為により生じたものであり，その性質が所得の処分と類似の性格を持つことから，経常的な所得からの控除については制限を設けるべきである」。しかしながら，超高齢社会の現代において，一切の趣味・娯楽を生活に通常必要なものではないとする現行税制は，時代にマッチしているのでしょうか。

生活に通常必要とは

　生活用動産は，生活の用に供しているものですから，上に述べたように業務の用や事業の用に供していないことが要件です。さらに，通常必要とされることが要件となります。つまり単なる「必要」ではなく，通常性が付加されているのです。通常とは「普通」のことですから，特別に必要なものではないということになります。また

「動産」に限られています（民法86条3項）。そして一個又は一組の価額が30万円以下でなければなりません。この単位は「通常一単位として取引されるその単位」であり，この価額は時価とされます。

　これに対して，当然ながら「生活に通常必要でない資産」は除外されることになります。所得税法施行令178条1項1号から3号にその定義が定められています。1号は競走馬その他射こう的行為の手段となる動産，2号は通常自己及び自己と生計を一にする親族が居住の用に供しない家屋で主として，趣味，娯楽又は保養の用に供する目的で所有するものその他主として趣味，娯楽，保養又は鑑賞の目的で所有する資産，3号は生活の用に供する動産で同法施行令第25条の規定に該当しないものです。

　なお，自動車について，判例には，自動車をレジャーの用に供することが生活に通常必要なものということができない，としながらも自宅から最寄り駅まで通勤のため使用した場合には生活に通常必要なものとしてその用に供していると見られるとしたものがあります（大阪高判昭和63.9.27訟月35-4-754・サラリーマン・マイカー税金事件・控訴審）。もっともこの裁判では，この自動車の使用の態様からみて，使用全体のうち僅かな割合にすぎないとして，その自動車を生活に通常必要なものとは認めませんでした。この判例に影響を受けて，現在の国税庁のタックスアンサー（NO.3105）では，家具，じゅう器，衣服の他に「通勤用の自動車」も生活に通常必要な動産としています。

　しかし，現代において「趣味，娯楽，保養又は鑑賞の目的で所有する資産」を全て一律に生活に通常必要でないとしているのには疑問があります。超高齢化社会における定年後の人生を全うするまでの長い期間に，趣味，娯楽，保養又は鑑賞は通常必要ではないのでしょうか。また，それが憲法25条が保障する健康で文化的な最低限度の生活といえるのでしょうか。時代の変化に従って「生活」の意味する範囲と内容は変わります。筆者には，前掲の判例が出された昭和63年当時の社会・経済背景とは異なる超高齢化社会の現代において，一切のレジャーが生活に通常必要ないとは思えないのです。

（背戸柳　良辰）

コラム　お尋ね文書は回答しなければならないか

　税務署長が更正・決定や賦課決定等の処分を行おうとする場合には，調査を行うことが前提となります。つまり，課税要件に該当する事実についての資料情報を入手しなければならず，その方法は，質問検査権の行使による場合と，納税者の任意の協力による場合とがあります。前者は，課税要件事実について関係者に質問し，関係する帳簿書類その他の物件を検査する権限に基づくもので，国税通則法に規定されています。これは，一般に「任意調査」と呼ばれるものです。これに対し後者は，「純粋な任意調査」と呼ばれてきました。

　課税処分のための任意調査を「間接強制調査」という場合がありますが，これは質問検査権行使に対して調査対象者が正当な理由なく拒否すると罰則が発動される場合があることから，こう呼ばれるのです。

　そこで，間接強制の任意調査の方法によらない「純粋な任意調査」と呼ばれる納税者への接触方法について考えてみます。というのは，税務署から様々な「お尋ね」文書が納税者あてに送付されているからです。一般に「税務調査」という場合は，相当広い概念として使われており，国税通則法が定める質問検査だけが税務調査とはいえない現実があります。もっとも，質問検査権行使以外の方法での納税者接触は違法だとする考え方もあり得ますが，行政庁が行政目的を遂行するために一定の事実の認定と判断が必要になり，その必要な範囲内で調査を行うことは当然であって，そのために詳細な権限規定がなければ合法的になし得ないということはできないでしょう。

　とはいえ，任意である以上，強制の要素が入り込む余地はなく，しかも相手方の同意が必要であり，同意を求められた者がそれを認めるか否かは全く自由であるのはいうまでもありません。

　では，この「調査に該当しない行為」とは法的にはどういう位置づけになるかですが，これは行政行為から区別して「事実行為」と呼ばれる法的根拠のない行政機関の行為です。しかし，このような行為は不要なものではありません。そこで，行政手続法は，「行政指導」というカテゴリーを設けています。税務署から納税者に送られてくる各種「お尋ね」は，調査ではなく，この行政指導なのです。そして行政指導への不協力を「理由として不利益な取扱いをしてはならない」とされています。

　また，お尋ね文書を契機に申告内容の見直しを行った結果，修正申告書等を提出するに至った場合，加算税が賦課されるのでしょうか。自主的修正申告等に対して加算税は賦課できません。そして，仮にその納税者の修正申告等の原因に「仮装・隠ぺい」の事実があったとしても，重加算税も賦課できません。なぜなら，重加算税は，過少（無）申告加算税に「代えて」課税することができるものであり，過少申告加算税等の賦課がなければ課税できません。税理士には，こうした法律関係を熟知して対応することが求められるのです。

【岡田　俊明】

第1章　相続前

負担付贈与の評価額　通達をめぐる判断
―時価か，相続税評価額か―

Q 負担付贈与の際の財産の評価額は時価判断するという考え方と相続税評価額という考え方があると伺いました。インターネットのQ＆Aや税務署に尋ねると時価判断だという考え方を示しているように思えます。やはり時価判断が正解なのでしょうか。

A ご指摘の判断の根拠は，バブル期に発せられた通達「負担付贈与又は対価を伴う取引により取得した土地等及び家屋等に係る評価並びに相続税法第7条及び第9条の規定の適用について」（平成元年3月29日直評5）（以下「負担付き贈与通達」という。）と考えられます。

確かにこの通達には，平成元年4月1日以後の負担付贈与の際の贈与財産の価格は，①通常の取引価額か，②取得の時の価格で行うようにと定めています。この点ではネットなどの判断は誤りではありませんが，通達のただし書きには状況によって判断する旨の注意喚起がされています。この背景を理解せずに判断すると納税者に不利な影響を与えるため取扱いには注意が必要です。

解　説

この相談の背景をみておきます。

社長の父（先代社長）は，現在の社長の子，すなわち次期社長と目される孫の結婚を機に三世代住宅を新築しようと思いました。そこで，新興開発地の一等地を8,000万円で購入しました。しかし，その後の実勢価格で時価5,000万円程度と判明し，買い急いでしまったことがわかりました。その1年後，先代社長はこの土地を孫に贈与すると言い出しました。土地の相続税評価額は4,000万円。この場合，直系尊属から卑属への贈与に該当するため，特例税率を利用できるものの1,530万円もの贈与税がかかります。

相談の結果，孫の自立心を高めるため，孫に住宅ローンを組ませて買い取らせることにしました。取引価格は，相続税評価額を参考にして4,000万円としました。先代社長は譲渡損が発生するため譲渡所得税はかかりません。孫も，相続税評価額相当の負担付贈与であり，課税価格は発生しないため贈与税もかからないと判断しました。登記に伴う負担額である登録免許税と不動産取得税の試算をして説明を終えました。

その後，社長は息子の住宅購入資金の融資のために銀行へ相談に行くと，銀行のFPから税理士は間違っていると指摘されたのです。

ポイント13　負担付贈与の評価額　通達をめぐる判断—時価か，相続税評価額か—

負担付贈与の評価額はどっち？

　負担付贈与とは，「受贈者に一定の債務を負担させることを条件にした財産の贈与」です。課税上の取扱いは，「負担付贈与に係る贈与財産の価額は，負担がないものとした場合における当該贈与財産の価額から当該負担額を控除した価額によるものとする」（相続税法基本通達21の2-4）との考え方が示されています。

　では，「負担付き贈与通達」の目的は何かを考えてみましょう。負担付き贈与通達が発せられた事情は通達前文に書かれています。

　「最近における土地，家屋等の不動産の通常の取引価額と相続税評価額との開きに着目しての贈与税の税負担回避行為に対して，税負担の公平を図るため，所要の措置を講じるものである。」

　この通達が発せられた平成元年といえば不動産の価格高騰をはじめ「バブル」の最盛期で，現在では考えられないような土地高騰がありました。

　相続税評価額は通常の取引価額の80％で評価水準を設けていますが，当時，実際の取引金額が相続税評価額の2～3倍という，とんでもない高額の売買事例が生まれていました。こういった場合でも，贈与税は相続税法に定められており，「時価」については，財産評価基本通達に示された金額を採用するしかありませんでした。

　しかし，このような相続税評価額と通常の取引金額との乖離の大きさに着目した相続対策が目に余るほど横行していたため，これを放置するわけにはいかず，先の通達を発して，平成元年4月1日以降の負担付贈与の場合の価格の基準を示すに至ったものです。

負担付き贈与通達の標的

　ところで，この通達の適用範囲は全ての負担付贈与に適用されるものではありません。通達には，通常の取引価額と相続税評価額の乖離を利用した租税回避行為と認められる負担付贈与を行った場合，土地等及び家屋等の価額並びに相続税法7条及び9条の規定の適用についてはこの通達の判断によることとしたのです。

　相続税法7条及び9条とは，著しく低い価額の対価で財産の譲渡又は利益を受けた場合は，その対価と財産の時価との差額又は利益金額を贈与により取得したものとみなす「みなし贈与」の定めです。

　つまり適用範囲は「租税回避行為」に限定され，該当する場合は次の2点によって評価する旨を指示しているのです。

　① 当該取得時における通常の取引価額に相当する金額
　② 不動産の取得価額

　このうち，②の取得価額を採用する場合は，「取得又は新築した当該土地等又は当該家屋等に係る取得価額が当該課税時期における通常の取引価額に相当すると認めら

れる場合には，当該取得価額に相当する金額によって評価することができる。」と書かれています。通常の取引価額を精査した上で，その取得価額は妥当性があるかどうかを検討するよう求めています。そういう点で通達の書きぶりは慎重な判断を求めています。

通達運用上の留意事項

慎重な姿勢は通達の末尾にもあらわれています。負担付き贈与通達をもとに，単純に負担付贈与は「通常の取引価額」と運用される懸念を危惧してか，以下の留意事項の記載があります。

「対価を伴う取引による土地等又は家屋等の取得が相続税法第7条に規定する『著しく低い価額の対価で財産の譲渡を受けた場合』又は相続税法第9条に規定する『著しく低い価額の対価で利益を受けた場合』に当たるかどうかは，個々の取引について取引の事情，取引当事者間の関係等を総合勘案し，実質的に贈与を受けたと認められる金額があるかどうかにより判定するのであるから留意する。」

さらに，「その取引における対価の額が当該取引に係る土地等又は家屋等の取得価額を下回る場合には，当該土地等又は家屋等の価額が下落したことなど合理的な理由があると認められるときを除き，『著しく低い価額の対価で財産の譲渡を受けた場合』又は『著しく低い価額の対価で利益を受けた場合』に当たるものとする。」とあります。

つまり，実際の取引金額が合理的な理由があれば，この通達の適用の範囲外であることも示しているのです。

本件の場合，確かに購入金額8,000万円と相続税評価額4,000万円との差は大きいです。しかし，取引事例の少ない中で特別な思いで買い進んでしまった点，通常の取引価格（公示価格水準）は5,000万円であり，相続税評価水準80％の4,000万円は適正な金額と判断できます。つまり，本通達が指摘する通常の取引価額と特段に乖離したものとはいえません。

このように通達の背景も理解しながら，個々の事例を精査した上で租税判断を検討すべきでしょう。

この通達は残すべきか？

当時，租税回避行為に対する対応策として，相続開始日から3年以内に取得した土地等の評価額は取得価額を用いていた時期がありました（旧租税特別措置法69条の4）が，バブル崩壊により平成8年に廃止されました。法の目的が終了したからこそ，廃止手続は必要だったのでしょう。

一方で，タワーマンションや都心部でみられる高騰した不動産価額と評価額との乖離を利用した租税回避行為をアドバイスする金融機関や業者なども認められることから，この通達は現在も存在意義があるといえます。

（疋田　英司）

コラム 脱税は何年遡及できるか

　税務調査で，わずかな金額の「脱税」が発覚すると「7年遡及」されて修正申告を求められる事案が散見されます。これが相続税だと，法定申告期限の7年前（被相続人の死亡でみれば，7年10か月）まで遡ることがあります。その法律上の根拠は，「偽りその他不正の行為によりその全部若しくは一部の税額を免れ」た場合に7年遡及できるとされているものです（国税通則法70条4項）。この「偽りその他不正の行為」というのは，「不確定概念」と呼ばれるものの一つで，具体的な定義はなく，専ら税務職員の裁量や解釈で行われているのが実情です。

　この「偽りその他不正の行為」がしばしば「事実の全部又は一部を隠ぺいし，又は仮装し」（国税通則法68条）の規定（略して「仮装隠ぺい行為」と呼ばれる。）と混同して使われます。この二者は同義ではなく，「偽りその他不正の行為」があくまでも遡及年分を判定するための概念なのに対し，「隠ぺい又は仮装」は重加算税を賦課する（いわゆる脱税の）場合の基準となる概念であり，具体的には国税庁の事務運営指針（通達）で課税サイドの基準が公表されています。

　税金は国民の財産権に対する一方的な侵害行為であり，国民・納税者の経済活動への影響も大きいものです。そのため，法律関係の確定処分をすることができる期間には，租税法律関係をいつまでも不確定な状態に置かないことを目的とする期間制限，すなわち除斥期間の制度が置かれています。時効の中断や当事者の援用になじまないので，時効ではなく，除斥期間として定められています。脱税行為の態様は複雑多岐にわたるので，包括的概念で規定せざるを得ないのでしょう。このことから，その許容されるべき不確定概念がその立法趣旨によって具体的意義を明確にしなければ，税務署による恣意的な課税を招くことになりかねません。

　ロッキード事件を機に，国税通則法は，1981年改正で5年から7年に除斥期間が延長されました。その際に衆参両議院大蔵委員会で「高額，かつ，悪質な脱税者に重点をおき，中小企業者を苦しめることのないよう特段の配慮をすること」という附帯決議が採択されています。当時の大蔵大臣及び国税庁直税部長も今回の除斥期間の延長によって，従来からの高額・悪質重点という調査方針の変更ということは考えていない，しかし，大口・悪質なものについては，7年間遡及して課税する旨国会で述べています。

　「巨悪は眠らせない」と言ったのは，ロッキード事件のあと1985年に検事総長に就任した伊藤栄樹氏ですが，ちまたには，国税も中小零細企業ばかり追わないで大企業・高額所得者や資産家を追及すべしとの声があります。重箱の隅を爪楊枝でほじくるように僅少な「脱税」を探し出して7年遡及するようなやり方は法の趣旨に反するといえるでしょう。こういう場合は，税務行政の効率性の観点からも「少額不徴収」の扱いが妥当で，7年遡及すべき大口・悪質事案をしっかり追及してほしいものです。

【八代　司】

Point 14 無利息の有利な融資に贈与税がかかる？

Q 先日，取引先の会社の会長からタワーマンションの購入資金1億7,000万円を無利子で融資してあげようと申出をいただきました。たいへんうれしいのですが，他人である私がこんな有利な条件で融資をしていただいてよいのだろうかと不安になりました。税務面では何か問題があるでしょうか。

A 無利息融資の場合，通常支払うべき利息相当額が経済的利益であるとして贈与税がかかる場合があります。ただし，課税当局は贈与税だけを対象にするわけではありませんので，融資を申し出た会長に対する見方なども含めて熟慮した方がよいかもしれません。

解説

無利子の金銭貸与となると相続税法9条が該当します。

相続税法9条
…対価を支払わないで，又は著しく低い価額の対価で利益を受けた場合においては，当該利益を受けた時において，当該利益を受けた者が，当該利益を受けた時における当該利益の価額に相当する金額を当該利益を受けさせた者から贈与により取得したものとみなす。ただし，当該行為が，当該利益を受ける者が資力を喪失して債務を弁済することが困難である場合において，その者の扶養義務者から当該債務の弁済に充てるためになされたものであるときは，その贈与又は遺贈により取得したものとみなされた金額のうちその債務を弁済することが困難である部分の金額については，この限りでない。（括弧書きは省略）

この条文に対する相続税法基本通達は9-1から14まで存在しますが，本件にかかわる基本通達は，次の9-10です。

相続税法基本通達9-10（無利子の金銭貸与等）
夫と妻，親と子，祖父母と孫等特殊の関係がある者相互間で，無利子の金銭の貸与等があった場合には，それが事実上贈与であるのにかかわらず貸与の形式をとったものであるかどうかについて念査を要するのであるが，これらの特殊関係のある者間において，無償又は無利子で土地，家屋，金銭等の貸与があった場合には，法第9条に規定する利益を受けた場合に該当するものとして取り扱うものとする。ただし，その利益を受ける金額が少額である場合又は課税上弊害がないと認められる場合には，強いてこの取扱いをしなくても妨げないものとする。

ポイント 14　無利息の有利な融資に贈与税がかかる？

　この通達によれば，特殊の関係がある者の相互間で無利子の貸付けがあった場合は利益があったものとみて贈与税が課税されるというのです。相談者と会長が特殊な関係があったかどうかは定かではありませんが，特殊な関係であるという前提で検討を進めます。問題は，ただし書き以降の少額又は課税上弊害がないと認められる範囲かどうかでしょう。通達のただし書きは，原則として無利息の金銭貸与だけをもって課税するものではありませんが，例外的に，税額が高額であり課税上の弊害が著しい場合は課税するという考えを述べているものと考えられます。

経済的利益の額

　そうなると，本件経済的利益の額はどのように扱うのかという問題があります。財産評価基本通達には，貸付金債権の評価方法はありますが，経済的利益の判断にかかる規定はありません。

　参考となるものに平成元年 6 月 16 日の国税不服審判所の裁決事例があります。これは，親子間の無利息貸付けに対し利息相当額に贈与税を課税した事例です。争われたのは課税の適否であり，課税価格に関する争いはないので，参考までにこの裁決に書かれている課税価格の計算方法を紹介しておきます。

　課税価格は各年分の借入金に対して利息を計算します。計算は単純です。期間別の借入金の額を算出して利率を掛けて計算しています。この場合の利率は民法第 404 条の規定に基づき当時の法定利率 5％で計算されています。

　裁決では，昭和 56 年から昭和 60 年までの経済的利益の額が計算されていますが，ここでは紙面の都合上，56 年についてだけ取り上げます。

借入日数	借入金額	経済的利益の額
55	125,422,314	944,962
26	145,422,314	517,942
12	148,022,314	243,324
9	151,022,314	186,191
44	150,422,314	906,655
59	198,422,314	1,603,687
160	198,922,314	4,359,941
365		8,762,702

　この計算の結果，課税価格から当時の基礎控除額 60 万円を差し引いた金額に税率を掛けて 319 万 4,100 円の贈与税と無申告加算税 31 万 9,000 円が課税されています。

1 億 7,000 円の利息はいくら？

　ご質問の場合，1 年間 1 億 7,000 万円を無利子で借りた場合，5％の利率を掛けて 850 万円の贈与があったことになります。この場合の贈与税は 171 万円です。この金

額が少額で課税上弊害があるのかどうかの判断をここでは行いませんが，似たような金額で過去においては決定処分がされていることを申し添えておきます。

　こうした課税がなされる理屈は以下のものです。贈与者が多額の金銭を持っていれば，それだけで利息等の収入が増えて財産は増加します。つまり，本来であれば将来の相続税の課税額が増えると考えるわけです。それが特殊関係人に無利子で貸すということは，増えるはずの相続財産が減るということになります。相続税を補完する贈与税としては，課税せざるを得ないということになります。

　ところで，贈与税の課税の根拠となる相続税法には，課税価格は「時価」としか書かれていません。平成29年の民法（債権法）改正によって，法定利率は変わっています。改正法施行時の法定利率を年3％とし，3年ごとに見直しを行う変動利率を採用するとともに，商事法定利率を廃止しました。低金利で推移する現代に5％の利率が果たして時価といえるかは疑問のあるところです。

ある時払いの催促なし

　この貸付けが返済開始時期，返済方法，返済期日の定めがない場合，いわゆる「ある時払いの催促なし」となれば，実質贈与ではないかという問題が生じます。この場合，贈与がいつ行われたかが問題になります。贈与の成立は民法549条に定めるとおり「自己の財産を無償で相手方に与える意思を表示し，相手方が受諾をする」ことによって成立します。前述の条件での貸付けであれば，貸付けの日が贈与の日となる可能性があります。

　また，意思の一致が贈与の成立であれば，貸付けの日ではなく，意思が一致した日がいつかが問題になります。この場合，両者の間で金銭消費貸借契約書があれば，その日が贈与の成立の日になります。

　また，別の見方もできます。深読みをした場合，マンションの売却を見込んだ経済的利益という考え方もできます。タワーマンションの価格は比較的値崩れしないといわれています。仮に1億7,000万円で購入したマンションを2億円で売却した場合，3,000万円の利益が出ます（減価償却の計算は省略しているので注意してください。）。このマンションに居住して売却した場合は居住用財産を売却した場合の3,000万円の特別控除の特例が見込まれます。つまり無税ということになります。

　購入から短期間で売却し，しかも会長の関連会社に売ったような場合は，実質的に3,000万円の経済的利益を受けたのではないかという理屈が生まれます。

　どちらが経済的利益と判断できるか，税務当局としては成り行きを見ながら時効がかかる5年をめどに虎視眈々と狙ってくる可能性があります。そして，このような資金の流れが明らかになった背景も含め，会長の会社を本丸とした査察の内偵調査が始まっているのかもしれません。

（疋田　英司）

コラム　更正の予知とは何か，そしていつのことか

　平成28年度の国税通則法改正で，調査通知後の過少・無申告加算税の加重措置が創設されました。調査通知がされる前で税務署長による更正がなされることを予知する前に自発的に修正申告書を提出した場合には，過少申告加算税は課されません。自発的な見直しを要請する行政指導がなされて，その結果，修正申告書を提出した場合も同じです。法改正後も「更正の予知」についての課税庁の解釈・取扱いについては，変更されていません。

　この「更正が予知されたもの」に該当するかどうかについては，申告書提出のタイミングについて，三つの説があります。①「調査着手時説（外部調査着手時説）」，②「不足額発見時説（不適正把握説）」，③「端緒把握時説（客観的確実性説）」で，この③が通説です。税務職員が調査に着手し，その申告が不適正であることを発見するに足りるか又は端緒となる資料を発見し，その後の調査で更正に至ることが客観的に相当程度の確実性をもって認められる段階に達し，そのことを納税者が認識した後にされた修正申告書の提出をいうと考えられています。

　この通説は，加算税免除の趣旨を，納税者の自発的な修正申告を歓迎し，これを奨励する目的とすることに求めています。申告納税制度の趣旨に適うものであり，正当なものと考えられています。国税庁長官通達も，端緒把握時説を採用しています。すなわち，臨場のための日時の連絡を行った段階で修正申告書が提出された場合には，原則として，「更正があるべきことを予知してされたもの」には該当しません。「更正の予知」は，税務職員の非違事項の「指摘」のみを指しているのではなく，調査において「客観的に相当程度の確実性をもって認められる段階に達した」か否かが問題になります。言い換えれば，非違の事実を税務職員が認識する以前に自ら進んで修正申告書を提出するかどうかがポイントです。

　東京地裁は端緒把握時説によって，納税者の主張を認容し，過少申告加算税約1億円の賦課決定処分を取り消しています（東京地判平成24.9.25税資262-12046）。税務調査開始後に修正申告がされた場合にも，適用除外要件が適用され得ることを意味します。したがって，調査進行中に納税者が申告の内容を見直し，その結果，当初申告の過少分を発見して，税務職員がそれに気付く前に自発的に修正申告書を提出すれば，加算税は賦課されないことにはなるでしょう。

　更正を予知したものではないという立証責任は納税者側にありますから，税務職員の端緒把握又は調査の内容とは無関係に自発的に新事実に基づいて納税者が自ら修正申告したもので，「更正の予知」に基づくものでないことを立証しなければなりません。実際には，税務調査着手の後に税務職員に黙って修正申告をする納税者は多くはないと思われますが，税務職員が質問した事項，確認した帳簿書類及び資料などの調査経過についての記録を保存しておくことは大変重要になります。

【八代　司】

相続後

見落としがちな相続税と生命保険の関係

Q 生命保険契約者である父が死亡した後に、被保険者である長男が死亡しました。指定受取人である母に保険金が全額支給されましたが、課税関係はどうなるでしょうか。保険契約者の権利の相続は未分割のままで、父の相続人は母と長男と長女の私です。

また、生命保険と相続税について注意すべき点なども教えてください。

A 生命保険金は、保険契約者、被保険者、指定された受取人との関係によって、税の取扱いが所得税・贈与税・相続税のいずれかに変わります。

相続税の場合、相続人一人当たり500万円の非課税枠があり、その基準を上回る場合に課税価格に加えられますが、その要件に注意が必要です。贈与税になる場合は受け取った金額が課税対象になり、所得税の場合は保険金額から保険料又は掛金を控除して判断することになります。これらの関係に十分留意して対応してください。

解 説

生命保険や遺言を活用した相続対策が目立つようになっています。最近は相続人に子どもがおらず、遠縁の親族を受取人とするケースが目立ってきています。その際、相続税計算の上で一般的な計算過程とは若干異なる取扱いが生じます。例外的な取扱いであるがゆえに見落としがちですが、実感としてその割合は確実に増えつつあると感じます。

生命保険の相続税法の取扱い

相続税法3条1項1号には「被相続人の死亡により相続人その他の者が生命保険契約の保険金又は損害保険契約の保険金(偶然な事故に基因する死亡に伴い支払われるものに限る。)を取得した場合においては、当該保険金受取人について、当該保険金のうち被相続人が負担した保険料の金額の当該契約に係る保険料で被相続人の死亡の時までに払い込まれたものの全額に対する割合に相当する部分」は「みなし相続財産」になると規定されています。ここでは保険料の負担という部分に注意しなければなりません。たんに契約者＝被保険者ではないのです。

父の死亡に伴う相続税

契約者である父は生命保険契約の権利を保有し、これは相続財産になります。次に、被保険者である兄が契約者の場合、その保険金の負担者に注意が向きます。若年

の被保険者の保険料の負担能力に疑問があれば引き落とし口座などが調査される場合があります。父や母の口座から生命保険料が引き落とされている場合，保険料負担者は口座名義人と判断される場合があります。

死亡保険金は全てが「みなし相続」になるわけではない

次に死亡保険金を受け取った場合の課税関係ですが，国税庁のHP（https://www.nta.go.jp/taxes/shiraberu/taxanswer/shotoku/1750.htm）は以下の表で説明しています。

被保険者	保険料の負担者	保険金受取人	税金の種類
A	B	B	所得税
A	A	B	相続税
A	B	C	贈与税

ここでは保険契約者が現実に保険料を負担していたという前提で説明します。

保険契約者の地位を被保険者である子が継承していれば，自己の生命保険を相続人である母が受け取ることになるので，全額が「みなし相続財産」になります。

しかし，契約者の地位が未分割のままの場合は，子が契約者の部分と，母が契約者の部分に区分され，受け取る保険金は，上表の課税関係により分類されます。死亡に伴う保険でありながら，課税関係が異なるのです。

ご質問の契約者である亡父の相続人は母と2人の子。長男である被保険者が負担した4分の1はみなし相続財産，長女が負担した4分の1は母への贈与，母が相続した2分の1は一時所得になります。

実務では保険会社との間で様々な対応があるでしょうが，原則はこのような取扱いになるので注意してください。

債務控除が引けない場合

債務控除は相続税法13条1項に以下の定めがあります。葬式費用などは負担者から控除すればよいと考えがちですが，法令上は条件があります。

> 相続又は遺贈（包括遺贈及び被相続人からの相続人に対する遺贈に限る。以下この条において同じ。）により財産を取得した者が第1条の3第1項第1号又は第2号の規定に該当する者である場合においては，当該相続又は遺贈により取得した財産については，課税価格に算入すべき価額は，当該財産の価額から次に掲げるものの金額のうちその者の負担に属する部分の金額を控除した金額による。
> 一　被相続人の債務で相続開始の際現に存するもの（公租公課を含む。）
> 二　被相続人に係る葬式費用

実例では，妻に先立たれた被相続人は，遺言で幼い子どもたちに相続財産を相続さ

せ，近親者を生命保険の受取人に指定した上で，葬式の進め方を指示し，保険金から葬式費用を負担するよう指定していました。

この場合，近親者は保険金のみを受け取っており，特定遺贈を受けた相続人以外の者です。一方，包括遺贈でも相続人ではないので，残念ながら近親者は葬式費用を控除することができません。

同様に日本国内に居所を有しない非居住者（いわゆる制限納税義務者）である場合も同様の取扱いになります。法定相続人であっても，外国籍で日本国内に住所等を有しない制限納税義務者になる場合は，葬式費用などの債務控除ができません。

3年以内贈与加算が浮上

相続税法19条には3年以内の贈与加算の取扱いが定められています。

例えば，長女を生命保険の受取人にするから，全財産を長男に相続させるという遺言を認めてもらいたいと因果を含めていたケースがあり，遺言は実行されました。

しかし，後日の税務調査で，被相続人は長女に毎年111万円の贈与を行っており，長女は被相続人の指示に従い贈与税の申告をし，贈与税1,000円を納税していたのです。

相続財産を受け取っていなくても，生命保険金を受領したということは遺贈を受けたことになります。遺贈を受けた場合は相続開始前3年以内の贈与財産が加算の対象となります。この結果，贈与加算分の相続税負担が発生することになり，修正申告を行うことになりました。

非課税枠の不適用

生命保険は相続人一人当たり500万円の非課税枠があるのはご承知のとおりです。相続税法12条1項5号にその定めがあります。

生命保険の非課税枠が利用できるのは相続人であることが条件です。相続人以外の者が生命保険金を受け取った場合は非課税枠が利用できません。

また，生命保険を受け取った者が相続人であっても，相続を放棄した者や相続権を失った者である場合も同様に非課税枠は利用できません。指定された受取人が誰なのかを確実に確認する必要があります。

（疋田　英司）

コラム 税金の分納と税理士

滞納者は、その多くに税理士の関与がありません。ひとり「丸腰」で滞納処分のプロ（徴収職員）と対峙しているのが現状です。これでは、納税者の権利・利益は守れません。滞納問題の多くは分納相談であり、税理士にはそのノウハウが求められます。

猶予制度の見直し

猶予制度の見直しといっても、従来の猶予制度（納税の猶予、換価の猶予＝職権型）の適用要件などが変わったわけではありません。変わったのは、従来からあった職権による換価の猶予（職権型）に加えて、申請による換価の猶予（申請型）が創設された点です。従来は、行政側の「不作為」等を理由にした不服申立てができなかったのに対し、それができるようになりました。

大きな見直しは手続面です。申請型換価の猶予の創設を機に、全ての猶予制度について、①猶予申請等の手続を法律で明確化し、②その手続書類の作成・提出等を納税者に義務付け、③提出された手続書類を、行政側が審査するための質問検査権が明確にされたこと、などがあげられます。

徴収職員の誤解

これによって、納税者が自らの意思で猶予の申請を行い、行政側はその手続書類等を審査し、このことを通じて、基本的に法的猶予を軸にした納税緩和制度の運用を図ろうとするものといえます。国税庁は、この制度普及のため税理士会等に働きかけると同時に、実務においても積極的な姿勢を見せています。

ただ、この猶予制度の見直しを誤解する傾向が徴収現場にあります。職権型換価の猶予についても、猶予制度見直しの対象として扱わなければなりません。職権型換価の猶予を「猶予制度見直しの対象外」と考える傾向は、特に地方税で顕著ですが、その運用は間違いです。「職権型」も制度見直しに含まれることは、国税徴収法151条2項の規定をみれば明らかだからです。

法的猶予適用はまだ少ない

猶予制度見直しによって、法的猶予の適用が大きく前進したと評価することができます。しかし、現在、法的猶予の適用を受けている納税者の1.5倍以上の納税者（滞納者）は、①安心して分納ができない、②延滞税の免除等が伴わない、単なる「納付誓約」という不安定な分納扱いを余儀なくされています。

職権型にせよ、申請型にせよ、分納希望者の大多数が法律上の要件に該当すると思われます。したがって、新猶予制度の適用をさらに拡充させるためには、税理士としても問題意識をもって取り組む必要があるでしょう。

【角谷　啓一】

Point 16 借地権は存在するのか

Q 亡父が住んでいた借地に課税されるという騒ぎが起きました。実質的には相当老朽化した建物であり、継続利用は困難な状態の借地で、相続人も居住する予定がないため地主に返還する予定です。それでも課税はされるのでしょうか。

A 借地権をめぐる通達行政は、実務において実情と合わないことが多々出ています。とりわけ、庶民の感覚と乖離した机上の理屈と現実が合わないこともあり、たびたび問題になることもありますが、財産性が認められないと判断された場合は、無理な課税は行われないこともあります。実情を税理士によく相談されることをお勧めします。

解説

借地権課税は「判例」や「専門家の意見」を参考にした課税側の考えである国税庁の「通達」が通説として扱われ、現在もその運用が行われています。しかしながら、実務において通達どおりに「借地権」を認識して正しいのだろうかと疑問に感じる場合があります。以下、事例の経過を振り返って考えてみます。

■使用貸借通達の運用

被相続人（甲）は40年前にA建物を兄（乙）から贈与で取得しましたが、土地は両名と同族関係のない不動産管理法人（丙）の所有でした。当時のA建物の評価額は50万円程度で贈与税が課税されないと思っていました。しかし、税務署から借地権が含まれるとの指摘を受けた上で、「借地権の使用貸借であることの確認書」を提出するよう指導を受け、甲乙丙の三者で署名押印して提出しました。

（参考）昭和48.11.1付直資2-189「使用貸借に係る土地についての相続税及び贈与税の取扱いについて」

■法人への無償譲渡

甲の相続人は、当該A建物と別の場所に安定した住所を有している上に築後80年近くの老朽化が激しい当該A建物を継承する意思はありません。このため、相続人は地主丙に返還を申し出ました。契約では更地にして返還すべきところですが、隣接する建物が当該A建物ともたれ合うように維持されていることから、建物の取壊しは不要である旨丙から返事があり、甲の相続人は相続により取得した上で登記費用は地主丙の負担で贈与登記により所有権移転しました。

ポイント16　借地権は存在するのか

■相談の発端は税務調査

　甲の相続の前年に乙の相続が開始しました。その際，乙の所轄税務署から40年前に「確認書」が出されており借地権が存在するという連絡を受けました。乙の相続人は，その経過は承知しておらず，借地権の認識はありませんでした。いとこ同士である相続人らはその負担をめぐり協議し，税理士に相談しました。

■税理士の検討開始

　依頼を受けた税理士が確認したところ，前述の確認書を提出した後に甲と地主丙との間で権利金等の授受がない土地賃貸借契約書を作成し，甲は丙に地代を支払っていました。この結果，借地権の使用貸借の状況は存在しなくなり，借地権は乙から甲に移行したことが判明しました。

　当時の契約書や，現存する振込書類などの写し，及び経過説明書類を添付して税務署の調査担当者に報告しました。

■相続税の申告書の作成

　甲の相続人は，借地権を財産として認識していませんでしたが，調査担当者の発想の仕方，通達の考え方を伝えたところ，これでいとこの税務調査が終了するのであればと借地権を財産として認識して申告することを承知しました。

所得税法と法人税法の考え方

　この状況において，所得税法と法人税法の考え方を確認します。

　法人への無償譲渡の場合，所得税法59条にはみなし譲渡課税の定めがあります。しかし，所得税基本通達59-5は，借地の返還はみなし譲渡の対象であるとしながら，例外として3点を掲げ，その(3)には「借地上の建物が著しく老朽化したことその他これに類する事由により，借地権が消滅し，又はこれを存続させることが困難であると認められる事情が生じたこと」を理由とした借地の返還である場合は，みなし譲渡の対象とはしないと定めています。

　また，法人税法では一般的に無償で資産を取得した場合は受増益を認識しますが，法人税基本通達13-1-16（貸地の返還を受けた場合の処理）の注書きとして，「法人が貸地の返還を受けるに当たり通常支払うべき立退料等の額の全部又は一部に相当する金額を支払わなかった場合においても，原則としてこれによる経済的利益の額はないものとして取り扱う。」と定めており，所得税法及び法人税法の取扱いでは実務に応じた考え方をするようになっています。

　このことはまた，旧借地借家法が，「建物が朽廃したとき」は借地権が消滅すると定めていたことから，そこには担税力が存在しないと判断し，所得税法と法人税法による課税は行わないよう通達しているものと判断されます。

相続税の考え方

　相続税の課税の基本は，相続開始時の時価により課税するものとされています。相続開始時点では将来，立退料の受領の可能性や，利用する権利が存在するなどの理由から財産を認識して課税の対象になると考えられています。

　その結果，財産評価基本通達では，「土地の上に存する権利の評価上の区分」で「借地権」と定められた財産となっており，権利金等の取引慣行のある地域において，自用地の評価に対して国税庁長官が定めた借地権割合を乗じて求めるとされています。

　しかしながら，実際には終戦直後に建築された老朽化が著しい建物なども多く，核家族化もあって，老朽家屋を継続して使用することのほうが困難となっています。さらに，建物の管理は，崩壊や火災，一部崩落，雑草管理，防虫や悪臭の発生を防ぐなど第三者に損害を与える可能性がある上に不法占拠対策も必要になるなど難しさを増し，維持管理費用が膨大となることが多くなります。どちらかといえば負の財産ともいえる状況さえあります。

　固定資産税評価は，建物のそのような実態を反映することはなく，いかなる場合もプラスの財産としますが，財産評価基本通達は固定資産税評価額を相続税評価としています。

　加えて，借地権は，実務において容易に換価できない上に，必ずしも立退料がもらえるとは限りません。税務署は，借地権に財産価値を見出せないので物納も認めていません。担税力を求めることのできる財産とはとても思えません。

　このような考えから，上記設例では，相続人に対して財産として認識しないという更正の請求をしてはどうかと提案を行いましたが，負担する税金と，税務当局との対応に係るコストなども考えて泣き寝入りするという選択をとられました。

借地権を認識しない場合も

　借地権は無条件に存在するのではなく，実質的に存在しない場合もあるという考えを税理士は理解すべきです。借地権は，多くの実務家が頭を悩ます問題です。例えば，相続税の申告期限までに地主に対して借地の無償返還が行われていることが明らかな場合は借地権は認識しない。加えて，老朽化した建物などを取り壊すか又は地主に無償譲渡した場合なども，建物を財産に加えなくともよいというような考え方の通達が出ることになれば，より実情に合うと考えます。それは実務とかけ離れた考え方に合わせる必要があるからです。

　相当地代通達による自然発生借地権，土地の無償返還届の有無による取扱いなど，バブル期は，地上げなどが旺盛に行われた時代でもあって，当然のように借地権が主張されており妥当性があったのかもしれませんが，時代が変化しているなかで，通達の考え方は現実に合わなくなっています。

　そろそろ借地権の取扱いの見直しをすべき時期に来ているのではないでしょうか。

（疋田　英司）

コラム 更正を予知しないでした修正申告書—税務調査前の申告見直しの知恵—

　国税通則法は過少申告加算税について規定しています。修正申告書の提出があった場合において，その提出が，その申告に係る国税についての調査があったことにより当該国税について更正があるべきことを予知してされたものでないときは，適用しない（同法65条5項）として，更正を予知しないで提出した修正申告書には過少申告加算税（10％）は賦課しないこととされています。では，どの時点で提出した修正申告書なら加算税の賦課対象にならないのでしょうか。

非違事項の指摘があるか

　最近の実務においても，取引先の税務調査において把握された取引額が，納税者の申告額と相違することが取引先からの連絡で判明し，さっそくその納税者は修正申告をしましたが，税務署サイドは「更正を予知したもの」として加算税を賦課しようとした事案が生じています。また，ある法人に対する税務調査の中で反面調査が行われた際に，その取引先の申告に非違があるとして，管轄外の職員が取引先に対して実地調査を宣言して修正申告の勧奨を行ったために問題となった事例もあります。後者は，管轄の問題と絡んで調査権限の有無も問題になりました。

　こうした混乱を避けるために，国税庁は取扱通達でその基準を示しています。平成12年7月3日付長官通達「相続税，贈与税の過少申告加算税及び無申告加算税の取扱いについて」では，「その納税者に対する臨場調査，その納税者の取引先に対する反面調査又はその納税者の申告書の内容を検討した上での非違事項の指摘等により，当該納税者が調査のあったことを了知したと認められる後に修正申告書が提出された場合の当該修正申告書の提出は，原則として，これらの規定に規定する『更正があるべきことを予知してされたもの』に該当する。」としています（下線は筆者）。これは，所得税，法人税も同じ扱いです。

玄関先で提出した修正申告書

　その通達本文に注意書きが添えられていて，「（注）臨場のための日時の連絡を行った段階で修正申告書が提出された場合には，原則として，『更正があるべきことを予知してされたもの』に該当しない。」と明記されています。

　「臨場調査」とは，納税者宅や事業所等に調査のために実地に赴いていればよいというものではありません。つまり，当該職員が調査先に臨場の上，納税者に質問をし帳簿書類その他の物件を検査するという，具体的な調査の進行が必要であり，したがって，調査先の玄関先で調査対象納税者から修正申告書が提出された場合は，「非違事項の指摘」どころか，調査の実施前に提出されたものということになります。であれば，「更正を予知してされたもの」には該当しません。

　つまり，納税者自らが決意して修正申告を提出していれば，加算税は賦課されないといえます。これは期限後申告の場合も同様です。税理士がこのような取扱いに精通することも，納税者の権利利益の保護に値します。

【岡田　俊明】

第2章　相続後

 路線価を疑え！

 相続税の計算で，土地の評価の際に用いる「路線価」について教えてください。

 評価は大変難しいものです。都市部では「路線価」を使いますが，実際の評価作業をトレースしながら理解をしていただきたいと思います。

解　説

　不動産を評価する場合，インターネット環境が整っていれば，多くの情報を得ることができますが，現地への確認は欠かすことはできません。できる限りの情報を収集してから現地に赴く方がよいでしょう。

固定資産税課税通知書の確認

　まずは，不動産の所在地の自治体が発行した被相続人の固定資産税課税通知書から地番，地目，面積，評価額を確認します。
（今回評価する土地）
　A　土地（宅地）　　400m^2，3,000万円
　B　土地（畑）　　　300m^2，1,100万円　　（合計4,100万円）

登記情報

　一般財団法人民事法務協会の「登記情報提供サービス」から不動産登記情報，公図，図面情報を採取し乙欄の権利関係情報も確認します。

Googleマップで地図等の確認

　次に，Googleマップで地図情報及び航空写真に加え，ストリートビューを利用して物件所在地の外観を確認します。これは現地確認する際の目安にもなります。
　A土地は，ストリートビューで92Dの道路から確認することができました。建物が存在します。B土地が面する71Dからの画像は確認できませんでした。92D道路から71Dの道路の入り口を確認すると，どうも道幅が狭い。電柱の直径は25～30cmとして目測でも進入路の幅員は1mもないのではと考えられました。

地図上で測量

　ストリートビューでは距離を測定することもできます。地図上の特定場所で右クリックすると「距離を測定」というコマンドが現れ，これをクリックして測定の始点

ポイント 17 路線価を疑え！

と終点を結べば距離が表示されます。大まかな目安ですが，航空写真などを基に測定することで間口距離や不整形割合なども概算できます。

路線価地図を確認

国税庁 HP で評価基準書を確認します（下地図）。まず，倍率表を確認します。倍率表の宅地の評価は市街化区域は「路」，市街化調整区域 1.1 倍とあり，畑は市街化区域で比準，調整区域は 90 倍とあります。この地域は市街化区域と調整区域が混在していることが確認できました。

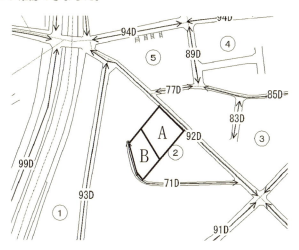

次に，路線価地図を確認します。A 土地の正面路線価は 9 万 2,000 円，B 土地の正面路線価は 7 万 1,000 円です。単純に面積をかけると 5,810 万円になります。

都市計画地図の閲覧

都市計画図は多くの自治体の HP で閲覧できます。この物件は「市街化区域」でした。

A 土地は路線価方式，B 土地は比準方式で計算すると判断できます。さらに，市が管理する道路情報も得ることがでました。気になる B 土地に面する道路 71D は「二項道路」と見込まれました。

「二項道路」とは建築基準法 42 条 2 項に定める「建築基準法上の道路」とみなされる道路のこと。通常は幅員 4m 以上の道路に面している必要がありますが，4m 未満の道路であってもセットバックなどの条件をもとに建築が認められます。再度，公図を確認すると，当該道路は地番が付されていない「道路」と表示されていました。

全国地価マップを確認する

一般的に地価は一物四価といわれ，実勢価格，地価公示価格，相続税路線価格，固

定資産税路線価格とあり，実勢価格を除くそれぞれの価格は，一般社団法人資産評価システム研究センターが公開している「全国地価マップ」で調べることができます。これで固定資産税の路線価を確認すると，国税庁の路線価と同じでA土地路線価8万2,600円，B土地6万4,600円でした。概ね，国税庁路線価の90%で設定されています。

路線価に疑問がわいたら

気になるのはB土地に面する土地。面する道路の進入路は1m程度の幅で車が進入できる様子はありません。一方「二項道路」としての要件は幅員1.8m以上でなければならない（建築基準法42条6項）のですが，特別に認められる場合があります。例えば里道（赤道又は青道）の場合で，すでに家屋が建っている場合，進入路が現実に狭隘で利用できない場合でも，既存の家屋を保護するために「二項道路」としている場合があります。しかし，そのような道路の土地など売れるはずがありません。

路線価の実務者は「二項道路」という理由だけで路線価をつけている場合があります。おそらく税務署の担当者は市役所の固定資産税路線価を参考にし，現地を確認していないのではないでしょうか。実態に合わない路線価というものは結構あるものです。

現地調査と市役所訪問

現地確認の結果，車での進入は不可能な道でした。そこで，市役所に確認してみました。実際にはB土地の市独自の減額要素を適用して，市の路線価6万4,600円に対し3万200円と，実に46.7%まで落としていました。しかし，財産評価基本通達では，道路に面している土地をそこまで減額する要素がありません。独自に路線価の見直しを求めるなどの対策を考えるか検討し，現地確認の結果から別のアプローチを行うことにしました。

広大地適用の検討

2つの土地は境界も曖昧でした。現地を見る限り一体評価ができるのではないかと考えられました。財産評価基本通達7のなお書きにおいて，宅地と状況が類似する2以上の地目（市街地農地，市街地山林，市街地原野，雑種地）の土地が隣接している場合で，その形状等から一団の土地として評価することが合理的と認められる場合は，その一団の土地ごとに評価するとされています。本件の場合，宅地と市街地農地が隣接し，一団の土地と判断できるケースです。一団の評価を行うと面積が700m^2。当地の開発許可基準は500m^2以上。容積率100%でマンション適地でもありません。

広大地評価適用可と判断し，評価額は3,638万円に。単純路線価評価の62.6%にまで減額できました。

(注意) 平成30年に広大地評価が廃止，地籍規模の大きな宅地の評価が導入されました。

（疋田　英司）

コラム 提出した申告書は撤回できるか

通知か意思表示か

いったん提出した申告書を取り下げる（撤回する）ことはできるものでしょうか。

法律上，納税申告とは「通知行為」だと考えられています。その納税申告書というものを簡単に取り下げることが認められるものか，という問題として考えなければなりません。

明白・重大な錯誤

意外にも，このような問題は実際に起きるもので，すでに最高裁が判断を示しています。「確定申告書の記載内容の過誤の是正については，その錯誤が客観的に明白且つ重大であつて，前記所得税法の定めた方法以外にその是正を許さないならば，納税義務者の利益を著しく害すると認められる特段の事情がある場合でなければ，所論のように法定の方法によらないで記載内容の錯誤を主張することは，許されない」（最判昭和39.10.22 民集18-8-1762）というのです。法定の方法というのは，過大申告の場合は更正の請求を，過少申告の場合は修正申告をその定められた期間内にすべきということです。

申告書取下げは可能か

国税のほとんどの税目が申告納税の方法によって納税すべき税額が確定します。この税額（納税義務）の確定という「法的効果」はいつ生じるのかという問題として考えることができます。その時期は，適法に作成された納税申告書が所轄税務署長に到達したときです。具体的には，税務署の窓口で担当職員の手によって受付され，その申告書には最低限，住所・氏名や年分が，そして課税標準と税額が記載されていれば，誰にいくらの納税義務が生じるかは一応確定できるため，申告書として受理されます。申告書が受理されると法的効果が確定します。そこに，本人から取下げの申し出があってもなかったことにできるとは考えにくいでしょう。

取下げは全くできないか

とはいえ，申告期限までの間なら，納税者はいつ提出してもよいのですから，出したり引っこめたりできそうです。これに対しては，税務署からは，「申告期限とは文言どおりに申告の期限を定めたものであって，取下げの期限を定めたものではない」という反論が出そうです。実務では，取下げの問題ではなく訂正申告として処理されます。

申告書の取下げが多くの納税者からなされるということがあれば，納税申告の受理によってその法的効果の確定を確認されるという原則に対して，重大な例外を認めることになってしまいます。

なお，確定申告を要しない者から提出された申告書は，書面で撤回を申し出ることができます（所得税基本通達121-2）。記載された税額が納付済みであれば，還付されます。

【岡田　俊明】

第2章　相続後

Point 18　「がけ地」を含む宅地の評価

Q 相続財産である父（被相続人）の自宅は約40年前に父が土地を購入して自宅を建て住んでいました。すでに相続人は独立して別の家に住んでいるため，その家に戻る予定はなく「家なき子」特例の対象になりません。最初に相談した税理士によれば相続税評価額は5,000万円近い金額であったのですが，売却を考えて不動産仲介業者に相談すると，がけ地があり高くても3,000万円が相場であると査定されました。この金額の差を税理士に伝えても通達ではこうなると言われました。どうして時価と大きく乖離するのか納得がいきません。

A 相続税の課税価格の基となる相続財産の評価額は，相続税法22条（評価の原則）により「取得の時における時価」と定められています。一般的にその判断は財産評価基本通達に基づいて考えられています。一方，個別事情が複雑に絡んだり，法令上の規制も変化したりしていることから通達に合わない場合があります。実情にそぐわない場合は不動産鑑定士に評価を依頼する方法もありますが，相続税を扱う税理士としてはあらゆる考察を踏まえながら通達で考えられる評価額を検討してみてください。

解説

相続税評価額と時価"相場"の乖離

　何事も現地確認が必要です。

　宅地の上部は正面路線価10万円の道路に面した280m^{2}の平地と300m^{2}の斜面を組み合わせた580m^{2}の宅地です。斜面は東側に面しており低灌木が植栽され，庭として管理されているようです。

　三角関数を利用した簡易測量を行ったところ33度の傾斜度が確認できました。斜面の頂上にある自宅から見下ろすと，多くの家の2階の屋根が眼下に広がります。三角関数の計算で斜面の高さは約6.9m。およそ7mの高低差がある土地です。このような土地を，道路とフラットな平面の宅地にするとすれば，その高さの盛土と住宅の重さを支える擁壁は，相当な強度を保たなければなりません。さらに隣地との境界確定や，盛土のための隣地からの協力も必要となります。開発するには極めて条件の悪い土地であることは明らかです。

いくつかの方法で独自に試算

　傾斜地を有する宅地の評価は，財産評価基本通達20-5で「がけ地等を有する宅地の評価」方法が定められています。斜面利用が困難という減額要素がある半面，日照の確保やプライバシー保護などの積極面から「減額要素は薄まる」という考え方も加味されています。

　この評価方法では，がけ地補正率0.81を乗じた8万1,000円に面積580m²を乗じた4,698万円が評価額となります。前任の税理士が計算した結果は，この金額だったのです。これは時価とは程遠いと感じます。がけ地補正率ほど実務に合わない調整率はありません。

　この土地は500m²を超えるため，開発申請が必要となる可能性がありますが，有効面積の280m²部分にだけ建物を建てる場合には，開発申請は必要ありません。また，開発するとしても正面道路に面する部分の間口距離は長く，間口に対する奥行き距離も深いわけではないので，「潰れ地」が生じないと考えられます。このため，広大地補正率を利用するにも疑問がありました。

　仮に広大地補正率0.571を適用した場合，3,311万8,000円となります。これでも少し高い印象があります。

※「広大地の評価」は課税時期が平成29年12月31日以前の場合に適用されていました。

30度を超えると「がけ地」は危険地に

　では，あらためて「がけ地」に関する定義を検証してみましょう。

　宅地造成等規制法施行令1条2項によれば，「『崖』とは地表面が水平面に対し30度を超える角度をなす土地で硬岩盤（風化の著しいものを除く。）以外のもの」となっています。また急傾斜地の崩壊による災害の防止に関する法律2条でも，「急傾斜地」とは傾斜度が30度以上である土地とあり，実務ではがけの高さが5mを超え，がけの頂点からがけの高さの2倍の距離の範囲に5軒以上の家屋が存在する場合，急傾斜地崩壊危険区域に指定されることになっています。

　このように傾斜度30度を分岐点として「がけ地」は，危険な土地になってしまいます。

　さらに建築基準法19条4項では，「建築物ががけ崩れ等による被害を受けるおそれのある場合においては，擁壁の設置その他安全上適当な措置を講じなければならない」とも定めています。このような土地を持つこと自体がリスクになります。

　現に，近年多発する大型台風などの天候異変により，当該評価地は災害時に避難指示区域に指定されていました。

第2章　相続後

宅地評価への最終アプローチ

　市街地山林の評価は財産評価基本通達49で定められています。その価額は，山林が宅地であるとした場合の1m²当たりの価額から，宅地に転用する場合に通常必要と認められる1m²当たりの造成費に相当する金額（整地，土盛り又は土留めに要する費用）として地域ごとに国税局長の定める金額を控除等した額に，その山林の地積を乗じて計算した金額によって評価すると定めています。

　ここで留意すべきは，そのなお書きで「宅地への転用が見込めないと認められる場合には，その山林の価額は，近隣の純山林の価額に比準して評価する」とも定めています。

　国税局長が定める傾斜地の宅地造成費は傾斜度20度以下に対する価格は示されていますが，20度を超える場合の宅地造成費は定められていません。したがって，通達を作成した国税庁長官は傾斜度20度を超える場合は宅地への転用が見込めない土地に該当すると考えていると判断できます。

　となれば，本件傾斜地は純山林の価額に比準して評価するべきものと判断できます。

　この判断に立ち，宅地部分と市街地山林部分を区分して評価した上で，両方を合算したものが当該宅地の評価になると考えられます。

　宅地部分の評価額は路線価に宅地相当部分の奥行距離9.3mに対する奥行価格補正率（普通住宅地区）0.97を乗じた額（10万円×0.97×280m²）で2,716万円となりました。

　傾斜地部分の評価は純山林として，評価対象地に距離的に最も近い隣接する自治体の純山林の評価単価868円×300m²＝26万400円となりました。なお，隣接する純山林を管轄する市役所等の固定資産税課に確認すれば，純山林に対する固定資産税の評価単価は教えてくれるので，該当する場合は確認してください。

　以上の検討の結果，宅地部分（2,716万円）と市街地山林部分（26万400円）の合計額は2,742万400円となり，納税者も納得のいく額となりました。

　参考までに，全面更地評価した上で，傾斜地部分の造成費用を実額で控除する方法を考えてみましたが，評価通達には傾斜地の造成費の金額は示されていません。実際に見込み造成費用を見積もることもできないのであきらめますが，現実の取引事例では行われています。

　顧問先の不動産業者に相談しても大規模な傾斜地ならば，大規模な土木工事で商売にはなっても，小口の傾斜地は開発コストも過大になり取引の対象にはならないと言われました。結果として評価通達を駆使して導いた表記の金額での申告となりました。

　仮に，地目が宅地となっていたとしても現況に即した判断を心がける必要があります。

　最後に，税理士として心がけたいのは時価に絶対値はないということです。既知の評価方法が時価と乖離する場合は，様々な情報を織り交ぜながら思考を広げるようにしたいものです。

（疋田　英司）

コラム 節税と脱税，そして「租税回避」

　脱税は違法な行為であり，犯罪です。税理士法は，税理士の脱税相談等を禁止し，その行為に及んだ場合はその税理士を懲戒処分に処すこととし，刑事罰も用意されています。しかし，節税となると話は別です。法律が用意した選択肢の中から，クライアントに有利な方法等を選択するのは大事な仕事そのものだからです。しかし，脱税と節税の狭間，そのグレーゾーンに足を踏み入れるのは極めて危険です。刑務所の塀の上を歩くような行為に例えれば，内か外かの分かれ目はどこにあるのでしょう。

　税法上，脱税とは何を指すのでしょうか。税務調査で申告漏れを指摘されたとして，それが単なる計算ミスや勘違い，法解釈の相違などによるものなら，加算税というペナルティはあっても，これは脱税とは呼びません。国税通則法には，一般の税務調査を「犯罪捜査のために認められたものと解してはならない。」（国税通則法74条の8）という規定が存在するので，税務調査は脱税を摘発して罰することを目的とするものではありません。しかし，税務調査で「隠ぺい又は仮装」の事実が指摘され，重加算税の賦課がなされた場合はどうでしょう。二重帳簿や仮名預金が発見された場合などがその典型です。これは，脱税と呼んでも問題ないでしょう。とはいえ，加算税は近年重くなる方向で法改正が進んでいます。厳しい目が注がれているのです。

　他人の行為でも脱税扱いになるという事件がありました。M税理士は，税金が安くなるという触れ込みで，相続税や譲渡所得などの高額な税負担を免れさせる手法を多用して税務申告を請け負っていたのですが，この税逃れの仕組みに現職の税務職員が加担していたのですから，深刻な事件でした。裁判に訴えたのはM税理士の顧客であった納税者です。税金が安くなると言われ，それを信じてお金を渡したところ，申告もせずにM税理士はそのお金を懐に入れてしまいました。申告漏れとなった納税者には修正申告による本税負担に加え，重加算税が賦課されたことから，納税者自身が驚き，「私も被害者だ」と訴えました。最高裁まで争われ，紆余曲折がありましたが，さすがの裁判所も納税者の責任は認めずに加算税の賦課を取り消しました。

　脱税・節税とは別に，「租税回避」という言葉があります。税法が想定していない法律の形式で税負担を減少させようとする行為のことです。脱税は，法律が規定する課税要件を満たしているのにこれを隠す行為であるのに対し，租税回避は，法の抜け穴を突いて課税を逃れようとする行為です。したがって，節税に当たる可能性が高いともいえるものです。ある行為が租税回避に当たるとしても，課税する法律がないのであれば，課税することは適当ではないと判断するのが「租税法律主義」の考え方です。これを防ぐには，新たに立法措置をとるしかありません。実際には，そうした法律が次々とつくられています。

【岡田　俊明】

Point 19 新しい事業承継税制 切替手続と届出書類等の提出ミス防止体制

Q 贈与による事業承継税制の適用を受けている場合，先代経営者が死亡した場合の手続について，教えてください。届出書等の提出に当たり，その提出ミスを防ぐ方法も説明してください。

A 贈与者が死亡した場合には，切替確認手続をとることで，贈与から相続の納税猶予に変更できます。贈与時の株式評価額が適用されるとともに，相続ではなく，贈与の年次報告，届出の期限が適用されます。

解説

事業承継税制の要件違反が，相続税，贈与税の納税猶予の申請手続もさることながら，年次報告書，届出書の提出手続等の手続ミスがあると納税猶予が取り消されるなど重大な結果をもたらします。そのため，その手続を理解した上で，新事業承継税制に対応していかないと重大な結果を招来しかねません（中小企業庁「中小企業経営承継円滑化法申請マニュアル」参照）。

贈与者（先代経営者）に相続が発生した場合 ── 現行事業承継税制（一般措置）

◆相続税で納税猶予を受ける場合（切替確認をする場合）

経営承継期間（贈与税申告期限翌日から5年）では，年次報告書，届出書を提出期限内に提出しなければなりません。この経営承継期間内に，先代経営者（経営承継贈与者）に相続が発生した場合には，贈与税の納税猶予から相続税の納税猶予の切替確認を8か月以内に受けます。その事業継続期間（経営承継期間）は，相続が開始した日にかかわらず贈与税の申告期限翌日から5年間とされています。すなわち，相続税の納税猶予が開始されたとしても，贈与税の経営承継期間の5年間は，毎年，年次報告書をその報告書提出期限（毎年6月15日）までに，提出しなければならないのです。

◆相続税・贈与税の納税猶予の取扱い

納税猶予を贈与税から相続税に切り替えた場合及び経営承継期間後に相続が発生した場合の取扱いは，納税猶予贈与税額に対応する受贈した非上場株式等を贈与者（先代経営者）から相続により取得したものとみなされます。贈与者が受贈した非上場株式等の相続税の課税価額は，贈与時の価額で計算します。

受贈者が死亡した場合には，経営承継受贈者の贈与税のうち納税猶予を受けた贈与税は免除されます。経営承継受贈者は，納税猶予を受けるため，都道府県知事に臨時

報告書を相続開始後8か月以内に提出しなければなりません。そして，税務署に対して，相続開始後10か月以内に「免除届出書」を提出しなければなりません。

◆相続税の納税猶予を受けない場合（切替確認を受けない場合）
　先代経営者（経営承継贈与者）に相続が開始した場合で切替確認を受けないときには，相続又は遺贈により取得したとみなされた株式等について，切替確認書の添付がない場合，相続税の納税猶予を受けることはできません。それゆえ，贈与税の納税猶予の対象となった株式等の贈与時の課税価額に対応する相続税額を負担することになります。

◆贈与者に相続が開始した場合の切替えを受けるための要件
　先代経営者（経営承継贈与者）に相続が開始した場合には，切替確認をする必要がある旨述べましたが，贈与税の納税猶予から相続税の納税猶予に切り替えることができる適用要件があります。それをクリアしないと相続税の納税猶予が受けられません。
　その適用要件とは，次のものをいいます。

1. 会社及び特定特別子会社が上場会社等又は風俗営業会社でないこと
2. 資産保有型会社ないし資産運用型会社でないこと
3. 営業収入があること
4. 常勤従業員数が1人以上であること。特別子会社の場合は5人以上であること
5. 経営承継受贈者が代表者で，議決権総数の51％以上を同族関係者と合わせて保有していること
6. 代表者以外の者が拒否権付きの種類株式を有していないこと

都道府県知事への随時報告

　随時報告が必要になりますが，これは，認定取消事由に該当したこと又は贈与税若しくは相続税の納税猶予制度の適用を受けている経営承継受贈者若しくは経営承継相続人の死亡等による納税猶予額の免除を受けるに当たり，一定の事由に該当しないことを報告するものです。
　事業継続期間（経営承継期間）中に，認定取消事由（雇用維持要件を満たさなかった場合及び経営承継贈与者が死亡した場合で切替確認を受けていない場合を除く。）に該当した場合は，該当した日の翌日から1か月以内にその旨を随時報告しなければならないこととされています。
　後継者が死亡した場合及び後継者にやむを得ない事情が発生し，認定中小企業者の代表者を返上した上で，次の後継者（3代目）へ猶予株式を贈与した場合には，その

該当した日の翌日から4か月以内にその旨の随時報告をしなければなりません。

経営承継受贈者又は経営承継相続人の死亡等があった場合の随時報告の結果，一定の事由に該当しないことが確認された場合には，都道府県知事から確認書が交付されます。

当該該当する日（経営承継受贈者の死亡の日）の翌日から6か月を経過する日までに税務署長に当該確認書を添付した一定の届出書を提出することで納税猶予税額の免除を受けることができます。

贈与者（先代経営者）に相続が発生した場合──新事業承継税制（特例措置）

新事業承継税制を適用するためには，2027年12月31日までの贈与につき，2023年3月までに特例承継計画の申請をして，その承認を受け，その贈与税の申告，納税猶予の申請には認定書を添付します。同じく，相続の場合も，2023年3月までの申請を要件として，2027年12月までの相続について適用され，期限内に申告をし，その納税猶予には認定書を添付します。

特例贈与者の死亡に伴う相続税の申告手続は，一般措置と同様の切替手続，申告手続，納税猶予手続等をとることになります。

税理士事務所の報告，届出，申告等の手続管理

この報告，届出の提出ミスは納税猶予が取消事由に該当することになり，納税者から損害賠償を受けることになりかねません。事業承継税制に取り組む税理士は，この手続ミスをすることなく業務を進めることができるかがポイントとなります。そのためには，税理士事務所の手続管理の体制を確立する必要があるでしょう。その管理体制の考え方を紹介します。

1. スケジュール管理ソフトを導入する。その入力については，専担者及びその代替者が行う。
2. 事業承継手続の管理責任者は，納税者からの損害賠償金を負担すべき税理士が必ず担当し，設定スケジュールの確認，チェックをする。
3. 依頼会社とは，業務委託契約を事前に締結し，依頼者側の情報提供義務を明記し，月次か四半期ベースで依頼会社の事業承継に関連する情報収集をし，その情報提供を促す。
4. 年次，随時，臨時の報告書，届出書，申告書等の提出期限管理に関し，事業承継税制を扱う税理士と共同で，スケジュール管理等が法令等に準拠したものなのかどうかレビューを受ける。
5. 事業承継税制の適用の手続は長期間管理しなければならないため，責任税理士を代替する税理士に情報の共有と進捗状況の理解をさせる。
6. スケジュール管理ソフトはクラウドタイプのものを使用する。

（粕谷　幸男）

コラム 続・ハンコの話

外国人の署名捺印

外国の方が来日されるとハンコを作りたがるということを耳にしました。ハンコの文化は漢字文化圏以外の人たちには意外に新鮮なのかもしれません。

では，ハンコの文化を持たない多くの外国人の場合，日本で提出する申告書への押印はどうするのが正しいのでしょうか。「サインでよいのでは」と考える人は多いでしょうが，その根拠は？　と聞かれたら何と答えるでしょう。実は，法律はそうした事態を想定しています。その法律名は，「外国人ノ署名捺印及無資力証明ニ関スル法律」です。なんと1条しかない法律です。「外国人ハ署名スルヲ以テ足ル」とあり，外国人は，捺印しなくてもよいことになっているのです。ちなみに，第2条は削除されています。その条文に関心のある方は，明治32年3月10日付の官報を参照してみてください。

署名と記名の違い

行政関係法令の規定をみてみると，面白いことに気付きます。「署名」「記名」「自署」「連署」そして「押印」などの用語が使われているのです。ハンコに関しては，一般社会では「押印」および「捺印」が使われ，さらには，「署名捺印，記名押印」という使い方が正しいとする解説もあります。これは対で使用されるものです。

ところで，商法32条には，「この法律の規定により署名すべき場合には，記名押印をもって，署名に代えることができる。」との規定があります。つまり，ここでは「署名」＝「記名押印」とされています。ということは，契約書を締結する場合には，ハンコがなくても署名だけで効力を有するということになります。

さらに気になるのは，署名と記名の相違。署名とは本人の氏名を自筆で手書きすることをいい，記名とは署名以外の方法で本人の氏名を記入（入力）することを指します。したがって，記名は，ゴム印を押す，あるいはパソコンで印字することということになります。契約書にゴム印が押されただけでは，当事者の真意がわからないので，ハンコを押捺することで「証拠能力」を高めようとするわけです。

電子申告の場合

では，電子申告ではこの署名はどうなるのでしょうか。「電子署名だろう」という声が聞こえそうですが，実は，「行政手続等における情報通信の技術の利用に関する法律」（行政手続オンライン化法）という法律で解決しているのです。行政機関等は，書面等により行うこととしているものについては，コンピュータ処理ができ，「当該署名等に代えさせることができる」としています。そして，「署名等」とは，「署名，記名，自署，連署，押印その他氏名又は名称を書面等に記載することをいう」と定義しています（同法2条4号）。要は，税法が要求する署名・記名と押印は，電子申告の場合は不要としているのです。

【岡田　俊明】

Point 20 有料老人ホーム入居一時金の返戻金とあいまい遺言

Q 相続における有料老人ホームの入居一時金についての取扱いを教えて下さい。

A 具体的な事例がありますので，事例に即して考えてみましょう。

解説

episode1　有料老人ホーム入居

被相続人の法定相続人は，ほとんど交流のない甥のB一人。身寄りのない被相続人が唯一心を許したのは相続人以外の親族Aしかいませんでした。被相続人とAは幼少時から交流があり，被相続人が高齢となって不自由な体になってからも年下のAは折にふれそのもとに赴き，身の回りの世話や一緒に出かけるなど交流は続いていました。被相続人が有料老人ホームに入居する際にもAは相談にのり，入居時の保証人にもなりました。入居契約に際し，入居者の死亡によって施設から支払われる入居一時金の返戻金受取人をAに指定していました。被相続人は，「僕が死んだらこのお金をもらってほしい。僕の気持ちだ」と伝えていたのです。

episode2　遺言

被相続人は密かに自筆遺言証書を作っていました。内容は，①世話をしていただいたAに対する感謝の気持ち，②Bの親族とは不仲であったためBには財産を譲りたくない，③別荘をAに遺贈する，④他の財産は，生前にお世話になった方々へお礼をしたい気持ちや，ボランティア団体へ支援したいという願いを述べた上で，その金額や支払方法，残余財産の処分方法は「Aにまかせる」と遺言していました。なお，その処分に当たっては被相続人が信頼していた友人に相談することを条件としていました。

episode3　相続

被相続人が死亡し，Aが遺言を発見したので，家庭裁判所で検認手続を行いました。唯一の相続人であるBは裁判所からの案内で，自分が相続人であることをはじめて知り，遺言の解釈をめぐり争いになりました。問題となったのは②Bに財産を譲りたくないという遺言は相続人廃除ではない，④「まかせる」という表現の遺言は書式として不十分でありAに遺贈すると解釈することはできない，したがって無効であると主張したのです。

Aから相談を受け，弁護士を交えて対応策を考えてみました。なお，入居一時金の返戻金の存在は遺言には記載されておらずBは知りません。

税務上の取扱いの検討

入居一時金とは，有料老人ホーム特有のシステムで，居室の占有と介護サービスや生活支援等が一体となった施設の終身利用権を得るための費用です。この施設の場合，償却期間を10年と定め，均等割により償却される契約でした。施設利用権は一身専属の権利であり，その権利を相続することは認められていません。返戻金の受取人は，生存中は契約者（＝入居一時金の負担者）である場合が多く，死亡の場合は配偶者や子などの相続人が指定されるのが通例です。

税務上の取扱いは，判例によれば相続財産又は贈与の2通りの判断が示されており，悩ましい限りです。主な判例・裁決例は以下のとおり。

(贈与とするもの)
入居一時金の返還金は受取人を受益者とする第三者のための契約であり，相続財産とはいえず，経済的利益（相続税法9条）である。本件の場合，受取人は他の財産を相続しているため3年以内贈与加算の対象となる。（東京高判平成 9.6.30 判時 1610-75，平成 25.2.12 裁決）

(相続財産とする裁決・判例)
返戻金の請求権は相続財産に該当する。入居一時金の返還金受取人の指定は事業者の事務の便宜上の目的にすぎず，返還金を指定受取人に全額帰属させる趣旨とはいえない。（平成 18.11.29 裁決，東京地判平成 27.7.2 税資 265-12688・東京高判平成 28.1.13 判例集未登載）

これによれば，入居一時金は，役務提供の前払い金であると解釈すれば，相続財産となります。役務を受ける地位の権利となると一身専属の権利であり相続できる財産ではありません。この場合の解約返戻金は，受取人が指定された経済的利益を受理したものであることから贈与又は遺贈と判断されることになります。

相続税法9条は，「対価を支払わないで…利益を受けた場合…当該利益を受けさせた者から贈与（当該行為が遺言によりなされた場合は，遺贈）により取得したものとみなす」と規定します。問題は括弧書き。遺言に書かれていた場合は遺贈と示されているのですが，遺言に書かれていない場合は贈与です。

遺言には，この入居一時金の返戻金については書かれていませんでした。他の財産に含まれるとすれば「まかせる」との遺言しかありません。つまり遺贈となる余地はありません。また，死因贈与は贈与者と受贈者の契約により成立するものです。

契約書には，入居一時金は入居者が施設のサービスを終身受けるための一身専属の権利と明記されており，その償却方法や償却期間満了後も入居中は継続して入居でき

る旨の定めがありました。退所の場合の返戻方法も定められており，自己都合による退所の場合は，入居一時金の未償却残高は本人に，死亡退所の場合は指定された者に支払う旨規定されています。その書きぶりには，入居者の相続人の有無や意向，遺言に影響される余地はなさそうです。また，指定された受取人が死亡している場合は，受取人の相続人がその立場を継承する旨も定められていました。なお，本契約には，Aは死亡による入居一時金の返戻金の受取人となることに同意する署名押印（実印）がありました。

その結果，判例に従って死因贈与であると判断します。死因贈与は遺贈に該当するため遺贈により取得したものとして取り扱います（相続税法1条の3第1項1号）。

《注意》なお，この制度は平成23年老人福祉法の改正により，事業者が受領できる前払金は「家賃，敷金及び介護等その他の日常生活に必要な便宜の供与の対価」とされ，「権利金その他の金品」の受領は禁止されました（平成27.3.31まで経過期間）。このため，新制度のもとでの前払金は全て役務提供の前払金となり「預り金」になります。

遺言をめぐる結末

遺言は，不動産の特定遺贈と条件付で「まかせる」という表現がありました。この「まかせる」は包括遺贈といえるかが問題となります。内容的には「寄付先」や「お世話になった人」を特定し，その配分をAにまかせるという内容です。

「まかせる」という遺言は，判例では，生前の交流の具合や遺言書の文脈から，遺言者の意思を推察する方法を認めています（大阪高判平成25.9.5判時2204-39）。しかし，これでは「寄付額」や「お礼の額」は特定できず，とても遺言として実行できません。

このような中で，遺言をめぐって，AとBは歩み寄りをみせました。Aは財産に対する執着はなく，Bへの相続廃除にもこだわらず，遺言の内容で実施してほしいとの意向でした。Bは結果として争いを避け，遺言実施後の残余財産を全てBが相続することで了解しました。これにより，相続手続は全て完了となりました。

epilogue　相続税申告

Aは特定遺贈の不動産，入居一時金の返戻金の遺贈を受けて相続税の申告を行いました。Bは他の全財産を相続し，申告をしました。ボランティア団体には100万円の寄附を行いました。

（疋田　英司）

コラム 予測可能性をすり抜ける調査の横行

　国税通則法改正によって税務調査手続が法定化されました。犯則調査以外の課税調査は，調査対象者に対して対象科目や対象期間など11項目について事前に通知することが原則的な手続となり，平成25年1月1日から実施され定着したといえます。
　納税者にとっては税務調査に対する予測可能性が法的に保障されたので，歓迎できる変化です。
　ところが，課税庁にとっては調査手続が明確化されたことで事務量がかさみ，調査件数が減る事態となりました。それ以前と比較すると約30％の減少となり，調査件数も接触率も大幅な減少となったのです。
　もともと国税庁は，接触率が低下すると申告水準や納税意識が低下するというあまり科学的根拠のない哲学を持ち，接触率を維持あるいは向上させる方針を堅持してきました。調査件数の減少に危機感を募らせていることは疑いありません。
　そこで，調査件数・接触率を上げるために，納税者を税務署に呼び出して調査する方式を積極的に展開する方針を打ち出し実行しています。ポイントを絞った簡易な調査で修正させることが狙いの調査ですから，件数がこなせ接触率が上がります。
　問題は，この「呼出し調査」に対して，予測可能性を高めるために整備された調査手続の幹の部分が適用されないことです。
　「呼出し調査」は簡易な調査とはいえ，国税通則法24条で規定する更正処分に不可欠の要件となる調査であり，納税者にすれば更正を目的とする調査以外の何ものでもありません。
　ところが，法的には11項目の事前通知は「実地の調査」に限られ，「呼出し調査」は「実地の調査以外の調査」に該当するため事前通知の枠外となります。さらに，平成27年度改正で「再調査」の規制をかからなくしました。
　というのも，再調査は「新たな非違」がない限りできません。そうすると，簡易な調査でポイントを絞って是正させる「呼出し調査」も再調査ができないことになります。課税庁にすればそれはいかにも心許ないことになるので，「実地の調査以外の調査」は再調査規定の対象外とするよう改正させたのです。
　「呼出し調査」は時間をかけずに処理することができて件数を増やすことが容易となります。その上，同一年分について何回でも「呼出し調査」をすることも，「呼出し調査」の後に「実地の調査」に移行することも法的にできる課税庁にとって「おいしい調査」となりました。
　税務調査に手続規定が措置され歴史は1つ進歩しましたが，抜け道を作りそれを喜々として活用して実績作りに励む国税庁が，納税者に対してコンプライアンスの向上を求めています。国税庁は強力な権力執行機関であり，いわば横綱です。「しきり」で手をつかずに立ち上がり，納税者の予測可能性をいなすような相撲を取るのはいかがなものでしょうか。

【小田川　豊作】

第2章　相続後

遺産分割調停／審判のイメージとデータ

Q 遺産分割調停はどのような場所でどのように進められるのでしょうか。また，どのような場合に審判が行われるのでしょうか。

A 遺産分割調停は，家庭裁判所の調停室で実施されます。調停での審理は，①相続人（当事者）の確定，②遺産の範囲の確定，③遺産の評価，④特別受益，寄与分の考慮，⑤具体的な分割方法の確定という順序でなされます。当事者間で協議がまとまらない場合，審判に移行します。平均審理期間は11.2か月，平均審理回数は5.5回で，調停成立率は53.1%です（平成28年）。

解　説

家庭裁判所の調停室

　遺産分割調停は，家庭裁判所の調停室（非公開）で実施されます。当事者は，調停委員の助言やあっせんを受けながら，歩み寄れるところを探して，調停の成立を目指します。

調停の流れ

　まず，家庭裁判所に遺産分割調停の申立をすると，およそ1か月から2か月後に第1回の調停期日が定められ，相手方に申立書の写し，呼出状等が送付され，調停が始まります。
　調停期日は，各当事者が交互に入室して，個別に調停委員と協議しますが，状況に応じて，当事者双方が入室し，直接話し合いをすることもあります。申立人（相手方）が調停室で調停委員と話しているとき，相手方（申立人）は待合室で待機し，調停委員が呼びに来るのを待ちます。そのため，家庭裁判所の調停室の傍には，「申立人待合室」と「相手方待合室」がそれぞれ設置されています。

　全相続人が遺産分割方法に合意し，調停を成立させる時，裁判官が調停期日に出席し，当事者双方の面前で調停条項を読み上げ，全員で調停条項の確認を行います。当事者が署名したり，押印したりする必要はありません。そして，後日，調停条項が記載された調

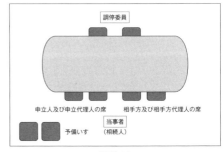

〈調停室〉

84

停調書が送付されます。

他方，複数の相続人の中の1人でも遺産分割の内容に合意できなかった場合は「調停不成立」となり，自動的に審判手続に移行します。また，遺産分割調停が合意に至る見込みがない場合，申立人による「申立の取下げ」によって終了させることもあります。

調停期日は，平日の午前（概ね10時から12時の間），午後（概ね13時30分から17時の間）に実施されます。そして，1回の調停にかかる時間は1時間から2時間程度が多いです。

調停で審理する内容，順番

遺産分割調停は，以下の5つの争点を以下の順番で協議します。

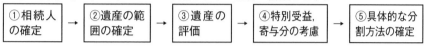

① 相続人の確定

遺産分割調停は全ての相続人で行う必要があるので，遺産分割調停を申し立てる際は，被相続人の出生から死亡までの全戸籍を調査し，全ての相続人を相手方とします。

② 遺産の範囲の確定

次に遺産分割の対象となる遺産の範囲の確認・合意を行います。遺産分割の前提問題である遺産の権利関係に争いがある場合（例えば，ある財産が被相続人所有か相続人所有かで争われている場合），それは実体法上の権利義務の問題であり，民事裁判で解決する必要があります。

③ 遺産の評価

遺産分割の対象となる遺産が決まったら，次に当該遺産の評価を行います。この点，相続税を計算する際の遺産の評価は，相続開始時の時価とされており，実務では，財産評価基本通達を使うことが一般的ですが，他の算定方法（不動産鑑定，公認会計士による鑑定など）による評価も可能です。当事者間で，より公平で納得感のある評価方法を協議します。

算定基準時については，目の前にある遺産を公平に割り当てることが目的なので，原則として，相続開始時ではなく，現在時（遺産分割時）を基準とします。

④ 特別受益，寄与分の考慮

次に，特別受益や寄与分を考慮する必要があるかを協議します。例えば，生前贈与や遺贈など，特定の相続人が被相続人から特別な利益を受けている場合には，具体的相続分の算定において，当該特別受益を考慮します。

他方，療養看護など，特定の相続人が被相続人のために特別の寄与をして，遺産の維持，増加をした場合には，具体的相続分の算定において，当該特別寄与を考慮します。

この特別受益や寄与分が最も対立が起きやすい争点の1つです。

第 2 章　相続後

⑤　具体的な分割方法の確定

　最後に具体的な分割方法を決めます。原則は現物分割ですが，当事者の合意により，適宜，相応しい分割方法を選んでいくことになります。不動産など現物分割が難しい遺産の場合は，換価分割（換金して分割），代償分割（持分相当額を支払う），共有分割（共有状態にする）などを検討します。

遺産分割審判について

　協議がまとまらず遺産分割調停が不成立となった場合，自動的に審判手続に移行します。

　遺産分割審判は，非公開の審判廷で実施されます。

　審判における審理内容は，遺産分割調停と同じですが，審理方法は，裁判官が，当事者の主張を聞いたり，当事者の提出した証拠を調べたり，自ら事実調査を行います。

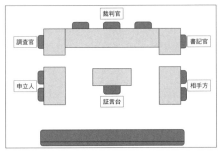

〈審判廷〉

　そして，裁判官が，当事者が合意した事項を尊重しつつ，遺産に属する物又は権利の種類及び性質，各相続人の年齢，職業，心身の状態及び生活の状況その他一切の事情を考慮し，実質的公平という見地から，審判を言い渡します。

　審判の内容に不満のある当事者は，審判の告知を受けた日の翌日から 2 週間以内であれば，即時抗告をすることができます。

遺産分割調停の処理件数と処理内容

　平成 29 年の遺産分割調停の申立件数は 1 万 2,856 件で，53.1％が調停成立で終了し，9.16％が調停不成立で審判に移行しています。その他，取下げが 17.62％もあります。

〈平成 29 年　遺産分割調停事件の処理結果内訳〉

	件数	終了事件からみた各項目の割合 （小数点第 2 位まで表示）
終了事件	12856 件	
成立	6827 件	53.10％
不成立（＝審判に移行）	1178 件	9.16％
取下げ	2265 件	17.62％
調停をしない	122 件	0.95％
その他	418 件	3.25％

（馬渕　泰至）

コラム　更正の理由附記の不備と違法性

　平成23年の国税通則法の改正のうち納税者の権利拡大にとって重要な改正の一つとして，課税庁に対する国税に関する全ての処分についての理由附記の課税庁への義務付けがあります。その意義について考えてみましょう。

　被相続人には合資会社の唯一の無限責任社員として負っていた「債務を弁済する責任」があり，相続税の課税価格の計算上，これを債務として債務超過額14億円余りを控除して相続税申告をしたところ，税務署は，「債務を弁済する責任」を負っていたとは認められず債務控除することはできないとして更正処分をしました。そこで，相続人らが原処分全部の取り消しを求めた事案があります。

　争点は，①本件処分の理由は「不利益処分の理由」として十分な記載か，②本件債務弁済責任は，「相続開始の際に，現に存するもの」に該当し，かつ「確実と認められるもの」に該当するか否か等でした。国税不服審判所は，相続人らの主張を認めました。

　処分の理由欄の記載は，「本件被相続人が上記1,401,816,220円に相当する債務を負っていたとは認められません。したがって，…『被相続人の債務で相続開始の際，現に存するもの』には該当しませんので，債務控除は認められません。」というものでした。しかし，通知書の「処分の理由」欄の記載からは，相続開始日における債務弁済責任に基づく債務が「現に存しない」と税務署が判断した理由が不明なのです。したがって，国税不服審判所は，「通知書に記載された，債務弁済責任に係る債務控除に関する処分の理由には不備があり，各更正処分のうち，この債務控除に係る部分は行政手続法第14条第1項に規定する要件を満たさない違法な処分であるといわざるを得ず，取り消すべきである。理由附記不備がある各更正処分は違法であり，他の争点について検討するまでもなく各更正処分はその全部を取り消すべきである。」としました（平成26.11.18裁決 TAINS FO-3-398）。

　更正処分のような不利益処分での理由附記は，行政庁に慎重で合理的かつ恣意性を抑制した処分を求めるだけではなく，不服申立ての便宜を図るためのものであり，その根拠は，行政手続法にあるということなのです。

　理由附記については，「本文の趣旨に照らし，当該処分の根拠法令の規定内容，当該処分に係る処分基準の存否及び内容並びに公表の有無，当該処分の性質及び内容，当該処分の原因となる事実関係の内容等を総合考慮してこれを決定すべき」（最判平成23.6.7民集65-4-2081）ものとされています。

　この裁決での更正通知書の理由附記の程度は，複数の理由があり得るにもかかわらず，単に，相続税における債務控除の対象となる債務ではないといっているだけで，平成23年最高裁判決が示す判断基準に全く達していなかったのです。

　理由附記の不備，程度を争点とした最近の裁判・裁決例は，平成23年最高裁判決の判断基準に沿っていますので，理由附記の内容はよく検討する必要があります。

【中西　良彦】

第2章　相続後

Point 22　遺産分割協議が調わないときの相続税の手続
―今後の手続を予見して準備に当たる―

Q 遺産分割協議が調わない場合でも相続税や所得税の申告期限は待ってくれません。相続税の手続について，留意すべき点を教えてください。

A 相続は別名「争族」と呼ばれるように，相続人間で骨肉の争いになることが往々にしてあります。とはいえ，税務手続は分割協議の有無に関係なく，法定期限までに申告と納税をしなくてはなりません。相続税は相続開始から10か月以内にその期限を迎えます。

遺言書がなく遺産分割協議が調わなければ，分割が要件である配偶者控除や小規模宅地等の特例などは利用できません。この特例を事後に利用するための事前手続が必要です。

被相続人に所得がある場合，相続開始から4か月以内に所得税や消費税の準確定申告が必要になることがあります。

相続開始後，未分割の相続財産から発生する不動産所得などがある場合，法定相続人は法定相続分によって申告します。

問題は，財産の明細を知ることができない相続人から依頼を受けた場合の手続です。

解　説

相続人らが対立する一方で高額な家賃収入が発生する収益不動産が相続財産であることを想定して，税務手続をタイムスケジュールに的を絞って整理してみました。

◆当年3月1日　相続開始
◆当年4月1日　被相続人廃業届，相続人開業届

被相続人に係る個人事業の廃業届を相続開始から1か月以内に提出します。

同時に事業を承継した相続人も納税地を管轄する税務署に開業届を提出（所得税法229条）。未分割の期間は全法定相続人が不動産収入を享受する立場にあり，事業承継者としての認識の有無にかかわらず税務手続は必要となります。

被相続人が消費税の課税事業者の場合，相続開始からすみやかに事業廃止届を提出します（消費税法57条1項3号，同法施行規則26条1項4号）。

◆当年7月1日　準確定申告

前年分所得税・消費税の確定申告期限までに申告手続をしないままで相続が開始されたときは，相続の開始を知った日から4か月以内に前年分の確定申告書を提出します（所得税法124条，消費税法45条3項）。

ポイント22　遺産分割協議が調わないときの相続税の手続―今後の手続を予見して準備に当たる―

　さらに，当年1月～2月分の所得税・消費税についても相続の開始を知った日から4か月以内に当年分の準確定申告書を提出します（所得税法125条，消費税法45条3項）。

　被相続人が青色申告をしており，引き続き相続人が青色申告を選択する場合は，準確定申告期限までに青色申告承認申請書を提出します（所得税法144条，所得税基本通達144-1）。

　被相続人が源泉徴収義務者のときは相続による源泉所得税の納期限に延長等の特例はなくなるので注意してください。

◆翌年1月4日　**相続税申告書提出期限**

　相続税申告期限までに分割協議が確定していないため，小規模宅地等の特例を適用することができません。そのため「申告期限後3年以内の分割見込書」を添付します。

　注意して欲しいのは全ての財産の分割協議が調わなければ特例が適用できないわけではないという点です。小規模宅地等の特例は対象分だけの遺産分割協議ができていれば可能です。

　相続税申告書は主たる相続人からの開示がなければ，知り得る範囲の財産で申告します。財産調査は税理士の腕の見せどころともいえますので，専門家への依頼も検討しましょう。

　問題になるのは納税資金です。対立する側に納税資力がない場合には延納の手続をすることも考えられますが，初回の納税資金は自己資金でまかなえても，遺産分割調停が長引く場合は2年目以降の資力に不安が出ることもあります。そのため，延納でなく連帯納付義務の履行を申し立てるという選択肢もあります。自己の財産状況に加え，現在裁判中であることや財産状況などを添え，期限内に完納できない理由を記入した任意の申立書を添えます。税務署がその申立てを「相当」と判断すれば，連帯納付義務者への督促が始まるものと考えられます。この場合は延滞税がかかる点は留意が必要です。

　もっとも穏便な納付方法は，未分割のため凍結されている被相続人の口座から，納税額が確定している申告書を基に，税額相当額を凍結口座から税額振込みをすることです。都市銀行などは訴訟に巻き込まれるのを嫌悪して応じない場合もありますが，柔軟な対応をしてくれる金融機関もあるので相続人である立場を明らかにして相談してみるのも一考です。

◆翌年　**確定申告期間**

　未分割財産から発生する不動産所得を相続人が申告をする場合，事情は複雑です。所得明細を知ることのできない対立する立場の相続人は収支内訳書を作れません。このため明細を記入せず，明細を知り得る立場ではない事情説明を添付します。不動産所得は収入金額から必要経費を控除した金額と定めています（所得税法26条2項）。つまり，明細が不明ということは税法に基づく計算ができません。この手続申告する

ことで「無申告」にはならず，申告できなかった合理的理由を示すことになります。当然ながら，通常の納税手続は行えません。

仮に，事情を知り得る相続人から所得金額のみを開示された場合，対立する側はこれを提出するかどうかを税理士などと十分に相談すべきでしょう。なぜなら，明細が明らかでなければ税理士は申告額に責任を持てないからです。その上で提出するのなら，所得税法26条に基づく計算でなく，共同相続人からの教示である旨の状況説明を後日のために行う必要があります。もちろん，申告しないという選択肢もあります。明細が不明である以上，税法に適合した申告書は作れません。

申告をした場合，納税等の資金にも配慮が必要です。所得税・消費税に限らず，住民税・個人事業税にも影響が出ます。さらに国民健康保険料等への影響にも注意してください。生活保護を受けている場合は，受給要件に影響します。確定申告による影響は大きく，十分に留意してください。

◆当年から3年後の1月4日　やむを得ない事情がある旨の承認申請書提出

3年経過しても分割協議が調わない場合，「遺産が未分割であることについてやむを得ない事情がある旨の承認申請書」を提出すれば3年を経過しても特例を利用できます。遺産分割調停や遺産分割が禁止されているなどの具体的な事情がある場合に限り提出できるものです。相続税の申告期限までに訴訟が提起されている場合などは，相続税の申告書提出時に同時に提出しても差し支えありません。

なお，申告期限から3年以降はやむを得ない事情の説明の申請は認められません。法律には救済措置である宥恕（ゆうじょ）規定は存在しないので注意が必要です。

◆相続税の申告期限から数か月後　税務調査

未分割であるときの税務調査は，通常の税務調査とは異なる面があります。同一の被相続人の相続税申告書が各相続人から異なる内容で出ているとしても，それぞれの申告内容は守秘義務の対象となります。一部の相続人の申告内容を基に税務署長は更正処分をすることはできません。

このような事情も含めて，税理士は係争中案件であることを念頭に，依頼者の情報について十分に留意をした上で調査への対応が必要です。

◆分割協議確定から4か月以内　更正の請求書・修正申告書提出

調停の成立又は審判が確定した場合，その確定日から4か月以内に特例適用のための更正の請求書を提出することができます。この期間を徒過すると特例の適用はないので注意が必要です。

このように，納税資金の準備，派生する諸問題も含め，一連の手続のスケジュール管理は，大変重要ですので注意したいものです。

（疋田　英司）

コラム 増える第二次納税義務追及への対応

　第二次納税義務制度とは，税金を滞納している場合，財産の名義を第三者に変更すると，滞納税金の納税義務がその第三者にまで広げられ，滞納税金を第三者から徴収しようとする制度です。第二次納税義務は12種類も存在しますが（国税徴収法32条以下，地方税法11条以下），このうち比較的頻繁に登場するのが，国税徴収法38条「事業を譲り受けた特殊関係者の第二次納税義務」と同法39条「無償又は著しい低額の譲受人等の第二次納税義務」です。

　事業を営んでいた納税者が滞納税金を残したまま，第三者に事業譲渡し引退することがあります。事業譲渡にかかる第二次納税義務追及の成立要件は以下のとおりです。

① 事業を譲り受けた人が，納税者と生計を一にする親族又は特定支配関係同族会社であること（国税徴収法施行令13条1項1号，4〜6号）
② 納税者の財産について滞納処分を執行しても，徴収不足と認められること
③ その譲渡が，滞納税の法定納期限より1年以内に行われていること

　事業を譲り渡す場合に，この条項の適用を受けないためには，生計を一にする親族や特定支配同族会社に当たらない第三者に譲渡すること等の条件をクリアする必要があります。しかし，離婚などに伴う財産分与として事業譲渡が行われる場合は，社会通念上相当ならばこの条項の規定を適用しないこととされています（国税徴収法基本通達38条関係9（5））。また，営業の中心的なノウハウや重要な得意先の引継ぎを伴わないものは，「事業譲渡」に当たらないと考えられます（最大判昭和40.9.22民集19-6-1600）。なお，第二次納税義務者の責任は，譲受財産の価額が限度です。

　次に滞納者が財産を無償譲渡又は著しく低い額の対価による譲渡や債務免除等の処分をした場合です。次のいずれの要件にも該当するときは，その財産の譲受人に第二次納税義務を負わせ，徴収しようとする制度です。

① 滞納者の財産を処分しても，なお徴収すべき額に不足すると認められること
② 徴収不足の原因が，滞納者が自分の財産を無償又は著しく低い価格で第三者に譲渡等をしたためであること
③ 譲渡等は当該国税の法定納期限の1年前の日以後に行われたものであること

　「著しく低い額の対価」は，不動産や骨董品などの値ねのある財産の場合は，時価の「おおむね2分の1」に満たない価格であり，特段の事情がなければ「著しく低い額」と判定されます（国税徴収法基本通達39条関係7）。滞納処分を免れる目的で，安易に親族や知人に財産を譲渡したり，財産の名義変更をしたりすると，この規定の適用を受ける可能性があるので注意しなければなりません。

　第二次納税義務は，租税の徴収を容易にする半面，その性格，成立方法，詐害行為との関係などいくつかの問題があるように思われます。また，形式的な財産（権利）の帰属を否認して納税義務を負担させようとする以上，私法秩序を乱す可能性があり，その適用は慎重になされるべきです。

【青野　友信】

Point 23 遺留分減殺請求と所得税納税義務

遺言で相続財産取得から排除された法定相続人が遺留分の減殺請求を求めています。被相続人には，所得税等の租税債務があります。遺留分の減殺請求をしている法定相続人は，被相続人の租税債務を負担する義務があるのでしょうか。

民法は，「遺留分は，被相続人が相続開始の時において有した財産の価額にその贈与した財産の価額を加えた額から債務の全額を控除して，これを算定する」（民法1029条1項）と規定しています。被相続人の所得税等の租税債務は，相続開始の時の債務であり，遺留分減殺請求額の計算上考慮されません。したがって，遺留分の減殺請求を行っても，租税債務の承継をしないこととなります。

解　説

遺言により財産の取得ができず遺留分減殺請求の意思表明を行った相続人に対して，被相続人の無申告であった年分の所得税について法定相続分で按分した国税の承継義務があるとする賦課決定処分を全部取り消した事案（東京地判平25.10.18 裁判所ウェブサイト）を基に納税義務の承継について考えてみます。

事案の概要

Xは，平成19年に死亡した被相続人甲の娘乙（平成元年4月死亡）の子で，甲の代襲相続人です。甲の法定相続人は，Xの他，妻の丙，子の丁，戊，癸，庚の合計6人で，Xの法定相続分は，10分の1です。甲は，公正証書及び自筆証書によりすべての財産を丙等に相続させるという遺言を行っていたので，Xは，平成20年3月26日に遺留分減殺請求の意思表示をしました。

Y税務署長は，無申告であった甲の平成19年分の所得税について，平成22年11月9日付けで2億8千万円弱の所得税の決定処分と無申告加算税の賦課決定処分をし，さらに，Xに対してこれらの税額のうち法定相続分10分の1（その後の裁決により，Xの指定相続分は遺留分減殺請求額であるとして20分の1に減額）で按分した金額について納税義務承継の決定処分を行いました。

Xは，甲は遺言でXの相続分をゼロと定めたから，Xが納付義務を承継する所得税の額は0円であり，これはその後の遺留分減殺請求によっても左右されないとして，訴訟に及びました。

争点は，①遺言がXの相続分を定めたものといえるかどうか，②Xが承継する税額が遺留分減殺請求により修正されるかどうかの2点です。

所得税の納税義務の承継

裁判所は，Xが所得税の納税義務を承継しないとする判決を下しました。
1. 甲の公正証書及び自筆証書による遺言のいずれにもXについての記載はない。本件遺言については，甲の共同相続人のうちXの相続分をないもの，すなわちゼロと定めたものと認めるのが相当である。
2. 民法902条2項の規定は，遺言で一部の相続人の相続分をゼロと定める相続分の指定をすることそれ自体を否定するものではない。本件遺言について，Xの相続分をゼロと定める限度で相続分の指定があると認めることを妨げる根拠は見当たらない。
3. 本件遺言はXの相続分をゼロと定めるものと認められ，これは民法902条の遺言による相続分の指定に当たり，Xが納める義務を承継する甲の所得税の額は，国税通則法5条2項の規定に従い，甲の所得税の額にゼロを乗じて計算した額である0円となる。
4. Yは，遺留分減殺請求により，Xの指定相続分は遺留分の割合に相当する割合に修正され，Xの納税義務承継額は，遺留分割合に相当する割合である20分の1の割合により按分して計算されると主張する。しかし，Xの遺留分の侵害額の算定に際しては，本件遺言でXの相続分がゼロと定められたことを前提に，Xの法定相続分に応じた相続債務の額は遺留分の額に加算することなく計算されることとなると解される。
5. Xが遺留分減殺請求による一定の権利を取得したことをもって，本件遺言でされたXの相続分がYの主張するように修正されるものとは解し難い。

相続分はゼロ

遺言書と遺産分割については，遺言書において遺産のうちの特定の財産を共同相続人のうちの特定の者に相続させる趣旨の遺言者の意思が表明されている場合，当該遺言は，特段の事情のない限り，遺産の分割の方法を定めたものと解するのが相当であり，何らの行為を要せずして被相続人の死亡の時に直ちに当該財産は当該相続人に相続により承継されるものと解するのが相当である（最判平成3.4.19民集45-4-477）とされています。本判決も，相続開始時において全ての遺産はX以外の共同相続人が相続により承継したと判断しました。Xの相続分がゼロである以上，承継すべき所得税額等もないことになります。

遺留分減殺請求でも相続分はゼロ

特定遺贈又は包括遺贈に対して遺留分権利者が減殺を請求した場合，これらの遺贈は遺留分を侵害する限度において失効し，受遺者が取得した権利は遺留分を侵害する限度で当然に遺留分権利者に帰属することになります。このようにして帰属した権利

は，遺産分割の対象となる相続財産としての性質を有しません。したがって，このような性質の権利が帰属したことに伴い，遺留分権利者の遺留分侵害額の算定においては，基礎とされた指定による相続分について，その内容が修正されることはなく，相続分はゼロのままです。

納税義務の承継

　納税義務等の承継については，「相続人は，その被相続人に課されるべき，又はその被相続人が納付し，若しくは徴収されるべき国税（その滞納処分費を含む。）を納める義務を承継する」と規定されています（国税通則法 5 条 1 項前段）。そして，複数の相続人があるときは，各相続人が承継する国税の額は，民法の法定相続分・代襲相続人の相続分・遺言による相続分の指定の規定によるその相続分により按分された額とすることとされています（同法 5 条 2 項）。

　また，民法は，兄弟姉妹以外の相続人は，遺留分に相当する額を受けると規定し（民法 1028 条），遺留分権利者に対して法定相続分の 2 分の 1 の遺留分減殺請求権を認めています（民法 1031 条）。

　相続財産（果実を含む。）及び債務は，遺産分割が成立するまでは，法定相続分に応じて相続人に帰属します。被相続人の租税債務は，遺産未分割の状態のときは，相続人が法定相続分に応じて承継します。遺産分割に関する判決又は和解等があったときは，そのときから 2 か月以内に相続人は更正の請求をすることができます（国税通則法 23 条 2 項 1 号）。

　遺言による指定分に基づいて遺贈が行われた場合，兄弟姉妹以外の相続人には，遺留分減殺請求権が認められています。遺留分は，被相続人が相続開始の時において有した財産の価額にその贈与した財産の価額を加えた額から債務の全額を控除して算定されます（民法 1029 条 1 項）。

　したがって，一部の相続人らに財産全部を相続させる旨の遺言がなされた場合は，その相続人らが相続債務もすべて承継したと解され，「遺留分の侵害額の算定においては，遺留分権利者の法定相続分に応じた相続債務の額を遺留分の額に加算することは許され」（最判平成 21.3.24 民集 63-3-427）ません。したがって，甲の所得税等の租税債務は，X の遺留分減殺請求額計算上考慮されないものであり，そのことからも，X は，所得税等の租税債務を承継しないことになります。

（中西　良彦）

コラム　納税者と税務職員の間の「秘密」

　税務調査というシーンでは，納税者は税務職員の質問に答え，検査に応じた結果，否応なしに秘密が知られてしまうことになります。

　公務員には，「職務上知ることのできた秘密を漏らしてはならない」（国家公務員法100条1項）という義務が課せられています。これは守秘義務と呼ばれ，この義務違反は，1年以下の懲役又は50万円以下の罰金に処すとされています。そして，税務職員にはさらに，国税の調査や徴収の「事務に関して知ることのできた秘密を漏らし，又は盗用したとき」は，2年以下の懲役又は100万円以下の罰金に処す（国税通則法127条）と二重に刑罰が用意され，それも国家公務員法の2倍になります。

守られる秘密とは

　戦前の官吏服務紀律は，24時間忠誠義務を官吏に強いられていて，守るべきは「官ノ秘密」でした。現在の公務員には憲法への服従擁護義務がありますから，憲法が国民に保障する権利を擁護する義務と責任を負う関係にあるといえます。

　ところが，何が「職務上の秘密」であるかは，何の定めもありません。職務上の秘密だけではなく，職務上において知り得た個人（又は法人）の秘密も含まれますから，公務員の秘密を守る義務には，一般人の秘密を保護する義務が含まれていることになります。これに対し，医師や弁護士などに科せられる刑法上の守秘義務違反の罪は，6か月以下の懲役又は10万円以下の罰金とされていることに比べると，公務員の刑罰は重いものです。

　かつて，税務署で秘密文書とされていた「所得標準率表」（いわゆる「徴税虎の巻」）漏洩をめぐる事件について最高裁は，「秘密」について「非公知の事項であって，実質的にもそれを秘密として保護するに価すると認められるものをいう」（最決昭和52.12.19刑集31-7-1053）としています。マル秘の判を押しただけではこの秘密に当たらないというのです。

納税者の秘密保護

　では，税法規定の守秘義務はどのような秘密を対象とするのでしょうか。

　税務調査の場合でみると，法の規定が調査「事務に関して知ることのできた秘密」としていることからすれば，公務員法とは異なり限定的です。つまり，納税者に対する調査で税務職員が知り得た秘密を保護しようとするのは明らかです。そして，税務職員に守秘義務を二重に課しているのは，単に重罰に処すという意味ではなく，税務職員が知り得る一般人の秘密は，「より強く保護する必要がある」ということを意味するのです。

　そうすると，公務員法は役所の秘密を守ろうとするものであり，税法は納税者自身の秘密を守ろうとするもので，それぞれ異なる目的を持つものということができるように思われます。この点での税務職員の認識と深い理解が必要なのです。　　【岡田　俊明】

Point 24 相続と貸金庫

Q 高齢の母の病状が悪化し，危篤状態と医師から伝えられました。母の貸金庫の中に，他の姉妹に内緒で私と母とで作成した遺言書が入っています。母が亡くなった場合，他の姉妹に内緒で貸金庫を開けて遺言書を取り出してもよいでしょうか。

A 借主の死亡により，貸金庫契約上の地位は，遺産分割が成立するまでは相続人の準共有となり，内容物の引渡請求や貸金庫契約の解約は，全相続人の同意の下で行使することとなりますので，勝手に貸金庫を開けてはいけません。

被相続人の契約していた貸金庫が，共同相続人のうちの一人によって勝手に開扉されていた場合には，後日それが判明すると，貸金庫を開扉した際に相続財産を秘匿したのではないかという疑いが持ち上がり，遺産分割の協議を難航させ，果ては紛争になるおそれがあります。

解　説

貸金庫を取り巻く状況

貸金庫業務は，銀行などに備え付けられた貸金庫（キャビネット）を借主に貸与するサービスです。一般に銀行は「貸金庫規定」を作成し，それに基づいて貸金庫の賃貸業を行っています。この規定の内容は，貸主である銀行が，貸金庫を借主に貸与して，これを利用させることによりその対価を得る貸金庫の賃貸借契約（民法601条）です。ただし，銀行は貸金庫内の内容物そのものには全く責任を負わないとされ，他方の借主は銀行に利用料を支払う義務を負担し，貸金庫をその用法に従って使用収益する権利を取得することになります。

従来は企業や一部の富裕層などが有価証券や重要書類，貴金属や美術品などを保管するのに利用されてきたといわれています。しかし東日本大震災以降，被災地の貸金庫が無事であったことから，貸金庫の安全性や耐震性の証明となって利用者が増加しているといい，今後も，被相続人が貸金庫を利用していたという事例は益々多くなると予想されます。

相続の開始と貸金庫

貸金庫の借主が死亡し，相続が開始した場合，法的には貸金庫の賃貸借契約上の地位は相続人に承継されます。これに対して銀行の方は，貸金庫契約上，借主に相続が開始した場合には貸金庫契約を解約することができる旨の条項があり，相続開始後は

いつでも解約することができることになっています。しかし，銀行実務上は，借主の死亡が判明した時には，解約せず開閉停止の措置をとるのが一般的です。また貸金庫契約では，代理人の契約がなされることがありますが，死亡により委任契約が終了する（民法653条1号）ので，代理人も開閉することはできません。

　相続人が単独である場合や遺言書に貸金庫の帰属について記載がある場合は，相続人等に承継され何ら問題は生じません。しかし相続人が複数存在し，遺言書にも貸金庫の帰属について記載されていない場合には，借主の死亡により，貸金庫契約上の地位は，遺産分割があるまでは相続人の準共有となり，内容物の引渡請求や貸金庫契約の解約は，全相続人の同意の下に行使することとなります（民法251条）。

貸金庫開扉の手続

　貸金庫の中には，被相続人の所有していたもののほか，被相続人が第三者から預かったものが入れられている可能性があり，貸金庫内にあるものが全て相続財産と決まっているわけではないので，必ず貸金庫の内容物を確認する必要があります。そして，注意が必要なのは貸金庫内にあるものが相続財産だとしても，遺産分割が終わるまでは相続人全員の共有または準共有財産であることです。ただし，遺言書で包括的に遺贈された場合には，銀行は受遺者から請求があれば，貸金庫を開扉し，内容物の引渡しに応じることになります。また，遺言書に貸金庫内の内容物引渡請求権を付与する記載がある場合にも同様です（最近は公証人がそのような記載を勧めるようです。）。

　それ以外の共同相続の場合には，銀行は相続人の紛争に巻き込まれるのを防ぐために全相続人の同意を要求するのが一般的です。貸金庫の借主が死亡した場合，銀行は相続人全員の立会いのもとに金庫開扉を行いますが，相続人確認のために被相続人の除籍謄本，相続人の戸籍謄本，相続人全員の印鑑証明書を要求し，銀行所定の書類に相続人の署名と実印の押捺をしなければ，開扉に応じないことになっています。

　しかし，現実には，様々な理由から共同相続人全員の合意がとれない場合，結果として貸金庫が開扉できず，困ることがあります。その場合相続人の一人が単独で貸金庫の開扉をして内容物の確認をする場合には，公証人に「事実実験公正証書」の委嘱をして，貸金庫を開扉する方法があります（公証人法35条）。また遺産分割が成立せず，家庭裁判所で調停になった場合には，相続人の一人が代表となり他の相続人が合意すれば，中間合意調書を作成の上，委任状を提出してもらい貸金庫を開扉することになります。また合意が成立しない場合には，保全処分により財産の管理者を定めて，貸金庫の開扉をすることになります（家事事件手続法200条1項，2項）。

搬出禁止の裁判例

　被相続人の遺言書があり，相続人の内の一人に貸金庫の内容物が相続された場合に

は，他の相続人は内容物の取り出しはできません。もっとも，東京地判平成15.5.22金法1694-67は，全財産を他の相続人に相続されたため，遺留分減殺請求をした遺留分権者である原告の貸金庫在庫物搬出禁止を求める訴えに対して「所有権（共有持分権）には，その権利に対する妨害の排除を求め，あるいは妨害が予想される場合にその妨害を予防する措置を求める権能が備わっており，所有権者（共有持分権者）は，これを根拠として所有物（共有物）に対する第三者からの妨害に対し，必要かつ適切な排除ないし予防措置を請求することができる」と，まず遺留分権者に所有権（共有持分権）があると判断し，次に遺留分権者の「共有持分に基づく妨害予防請求として，原告〔遺留分権利者〕又はその代理人の立会なく本件貸金庫の内容物を取り出すことを禁じる」と原告の請求を認めています。

閉鎖前の引出しや開扉

　気をつけなければいけないのは，相続が開始すると銀行が被相続人の口座や貸金庫を凍結してしまうからといって，相続開始後に相続人等が銀行に黙って口座から現金を引き出したり，貸金庫を開扉して内容物を取り出したりすることが実際には行われていることです。一部のインターネットのサイトでは，相続開始時の対応として，貸金庫が凍結される前に貸金庫の中身を取り出すことを勧めてさえいる現実があるのです。

　しかしながら，被相続人の契約していた貸金庫が，共同相続人のうちの一人によって勝手に開扉されていた場合には，後日それが判明すると，貸金庫を開扉した際に相続財産を秘匿したのではないかという疑いが持ち上がり，遺産分割の協議を難航させ，果ては裁判になる原因となりかねません。銀行口座に預貯金の履歴があるように，貸金庫にも開扉記録というものがあり，銀行に請求すれば，貸金庫がいつ開扉されたかが明白となるのです。

　貸金庫を単独で開扉した相続人が「貸金庫の中に相続財産はなかった」と主張しても，その場に立ち会わなかった他の相続人に対して立証はできません。お互いに疑念と争いを生むだけです。貸金庫は預金口座と違って内容物につき秘匿性があり，争いの原因になりやすいことをよくよく自覚しなければなりません。言うまでもありませんが，死亡後に預貯金から引き出された金銭等も相続財産なのです。

（洪　美樹）

コラム 脱税密告制度とその対応

　国税庁のHPに,「ご意見・ご要望」というサイトがあり,最初に出てくるのが「課税・徴収漏れに関する情報の提供」という項目です。いわゆる,密告,第三者通報と呼ばれる情報提供を促すサイトです。戦後,申告納税制度を導入したわが国は,国民を信用しておらず,相互監視としての第三者通報制度を導入しました。宣伝用ポスターには,「国民同士が新しい正義感に立って不正申告を通報しましょう」と記載されていました。さらに報奨金として,脱税額の1割が支給されました。その後,申告書閲覧制度や公示制度を背景に密告を誘導する法制度がつくられてきましたが,現在では全て廃止されています。

　一方,諸外国ではアメリカのホイッスルブロワー（警笛を鳴らす人）制度のように,密告に対して報奨金を支給する制度が用意されています。わが国では,出入国管理及び難民認定法66条が,不法滞在の通報者に対し5万円以下の報奨金を支給する制度として唯一存在します。このような制度を導入しなければならないということは,税務行政自体が劣化し,脱税の摘発を金銭で買わざるを得ないという状況を意味します。また,マイナンバー制度の導入で強化された監視社会が,密告制度でより一層の相互監視を促す社会になってしまう懸念があります。

　さて,クライアントが脱税密告の対象とされるのは,一つは脱税が真実で,その事実は一部の者しか知らず税理士も知らないような場合です。この場合は,個人企業やオーナー企業,同族会社等内部統制が緩い企業が陥りやすい事例です。密告による税務調査は,通常の税務調査とは異なり,密告自体の信憑性を確かめるため用意周到に事前調査が行われます。経営者は密告があったとする社員の風聞や,取引先・銀行等からの情報に気を配るとともに税理士とのコミュニケーション・信頼関係を構築しておかなければなりません。また,税理士にもこのような想定外の事態にも対応する危機管理能力が求められます。脱税が査察事案となり,重加算税や罰金までも課せられることになれば,クライアントの損失は計り知れません。したがって,税理士は情報収集,情報分析を通じ最善の策を,課税庁に先んじて行うことが肝要です。さらに,課税当局は「寝かせ太らせて」調査をすることもあり,その間に事態を放置することは如何に危険であるかは言うまでもありません。

　もう一つは,私怨や妬み,あるいは取引上の競争等から虚偽の密告をされ税務調査に発展する場合です。従前は,課税庁もこの種の情報の取扱いには一応慎重でした。しかし最近は税務職員の調査能力の低下や強権的姿勢からこれを積極的に利用しようとしています。いわれなき調査を受けても,納税者はこれに対抗する手段を持っていません。密告をした者に対しては虚偽告訴罪成立の余地もあり,国税庁は密告の書込みに注意書きを施す等,安易に書き込みができないような仕組みを講じるべきです。また,虚偽の情報を安易に利用し調査しないよう課税庁の情報の利用基準も公にすることが必要です。

【藤中　敏弘】

Point 25　持分の定めのない一般社団法人と相続税

Q 一般社団法人の社員（会社の株主と役割が同じ。）が死亡した場合には，一般社団法人の財産は，相続税の対象とならず，会社の株主の場合には，その株式が相続税の対象となると聞いています。その違いは，なぜですか。

A 一般社団法人は，通常，出資持分の定めのない法人であるため，会社の株主の地位に該当する社員であっても，出資持分がないため，相続税は課税されません。つまり，一般社団法人の財産は相続税の対象外です。もっとも一般社団法人でも，会社と同じような持分の定めのある法人を設立することもできますが，その場合には，社員の出資持分は，相続税の対象となります。

解説

資本金のない会社は存在し得ない

　会社の株主に相当する一般社団法人の社員が財産を出資した場合には，一般社団法人では基金という名目の資本金を形成することになります。しかし，社員が財産を一般社団法人に出資するという形ではなく，それを寄附という形で拠出すれば，その拠出財産は出資ではなく利益積立金ないし受贈益として自己資本を形成することになります。一方，株式会社などの会社は出資のない株主・出資者の存在を想定していません。そのため，1円でも資本金が存在するはずです。つまり，「出資持分をもたない株主」は存在し得ないわけです。

　一般社団法人の「社員」は，株式会社の株主に当たり，社員総会に参加し，その法人の予算・決算，事業計画や理事等の役員を選出する権利を持ちます。財産を拠出してもしなくても設立契約において合意された者が社員になれます。これに対し，株式会社では，株主総会等に参加する権利を持つのは出資持分のある株主等のみです。

　ところで，会社は自社株を購入することができます。資本金の額の減少に関する制限について会社法は規定していますが，その規制等に反して，例えば1円の資本金に対応する株式を自社が購入すれば，その会社の株主が存在しないことになります。通常，株主の存在しない会社は株主総会を開催することができないので，資本金の減少の制限からだけでなくこのような自社株買いは無効な取引といわざるを得ません。したがって，自社株買いを進めて，株主の存在しない会社，すなわち，出資持分の定めのない会社を実質的に作ることはできないと考えられます。

出資持分の有無と相続税・贈与税

　一般社団法人は，出資持分は定めても定めなくてもよいのですが，出資持分の定めのない法人の社員は出資持分を有しませんから，その法人の純資産部分の経済的価値は，社員の個人財産としては一切反映しません。持分の定めのない法人の社員は，財産的出資持分がないので，法人に内部留保が蓄積されても，その部分は相続税や贈与税の対象にはなりません。

　ところで，法人の出資持分の経済的価値は，出資金の評価額を通して出資者等に帰属するから，出資持分の定めのある法人の社員の持分は，相続税，贈与税の課税対象となります。ここが大きく異なる点です。

　また，解散時，持分の定めのない法人の残余財産は最終的には国等に帰属することになるのですが，持分の定めのある法人の場合は，出資限度額に対応する残余財産の帰属とするか，全ての財産を帰属させるのかを定款で定めます。

相続税・贈与税が課税されない　出資持分の定めのない法人の設立

　一般社団法人等の設立に当たっては，課税方法について非営利法人型（収益事業のみ課税）を選択するのではなく，普通法人型（全税所得）を選択することもできます。しかし，普通法人型を選択すると拠出財産は寄附金に該当し，その額が益金の額に算入され課税されます。そのため，設立に際しては非営利法人型を採用せざるを得ないことになります。

　相続税法は，「持分の定めのない法人に対し財産の贈与又は遺贈があった場合において，当該贈与又は遺贈により当該贈与又は遺贈をした者の親族」等の「相続税又は贈与税の負担が不当に減少する結果となると認められるとき」には，持分の定めのない法人を「個人とみなして，これに贈与税又は相続税を課する」（相続税法66条1項及び4項）と規定しています。しかし，持分の定めのない法人が次に定める要件を満たすときは，「相続税又は贈与税の負担が不当に減少する結果となると認められ」ないものとする（同条4項）と認定課税回避の措置を講じています。その形式要件は，
　①その運営組織が適正であるとともに，その寄附行為，定款又は規則において，その役員等のうち，親族関係を有する者等の数がそれぞれの役員等の数の3分の1以下とする旨の定めがあること
　②その法人に財産の贈与若しくは遺贈した者，その法人の設立者，社員若しくは役員等又はこれらの親族等に対し，施設の利用，余裕金の運用，解散した場合における財産の帰属，金銭の貸付け，資産の譲渡，給与の支給，役員等の選任その他財産の運用及び事業の運営に関して特別の利益を与えないこと
　③その寄附行為，定款又は規則において，その法人が解散した場合にその残余財産が国若しくは地方公共団体又は公益社団・財団法人その他の公益を目的とする事

業を行う法人に帰属する旨の定めがあること
④その法人につき法令に違反する事実，その帳簿書類に取引の全部又は一部を隠ぺいし，又は仮装して記録又は記載をしている事実その他公益に反する事実がないこと

です（同法施行令33条3項）。

しかし，①の役員親族構成割合が3分の1以下の要件を満たさなくても，相続税個別通達「贈与税の非課税財産…及び持分の定めのない法人に対して財産の贈与等があった場合の取扱いについて」（平成30年7月3日改正）は，次の要件を満たせば，「相続税又は贈与税の負担が不当に減少する結果となると認められるとき」に該当しないとしています。

すなわち，「当該法人の社員，役員等…及び当該法人の職員のうちに，その財産を贈与した者…が含まれていない事実があり，かつ，これらの者が，当該法人の財産の運用及び事業の運営に関して私的に支配している事実がなく，将来も私的に支配する可能性がないと認められる場合」には，①の役員の親族構成割合が3分の1以下の要件を満たさないときであっても，上記の②～④の要件を満たせば，「相続税又は贈与税の負担が不当に減少する結果となると認められるとき」に該当しないものとして取り扱うこととされています（同通達14）。

なお，解散した場合，社員には残余財産が帰属しないことを理解した上で，持分の定めのない一般社団法人等を設立すべきでしょう。

持分の定めのない法人の寄附金課税問題

持分の定めのない一般社団法人等で非営利型法人を選択した場合（法人税法2条9の2の非営利型法人）で，その受け入れた寄附財産を収益事業のために使用するのか非収益事業のために使用するのかによって，その課税方法に違いがあります。

非営利型法人は，34種の収益事業のみに法人税が課税されるため，寄附財産から発生する，例えば預金利子は，この収益事業に該当しないことから法人課税の対象とはなりません。しかし，34業種の収益事業から形成された預貯金の利子については，収益事業の財産から発生したものですから，収益事業に該当し法人税の課税対象になります。この収益事業から形成された預貯金を非収益事業に移管した場合には，寄附金課税の問題が生じますが，逆の場合には，発生しないと考えられます。

（粕谷　幸男）

コラム　任意売却と差押解除

　税金の滞納により不動産の差押えを受け，当該差押物件を売却して納税の検討をする場合，差押えをした税務官庁は簡単に差押えの解除に応じないということがあります。

　税金の納付が遅れがちになり，資金繰りが困難な事業者や会社が自己所有の不動産を売却して，債務の弁済を行い，事業の再建を図ることがあります。通常このような物件には，金融機関や私債権者の抵当権が複数設定されており，さらに税務官庁等の差押えもされています。任意売却を行う場合には，これらの権利登記を抹消しなければなりません。

　金融機関や私債権者同士であれば，任意売却代金のうち，当面の事業資金を確保した上，優先抵当権者への一部配当を行うなど，債権者の協力を得て事業再建を行うことも可能です。また劣後する債権者は「判子代」と称する少額弁済金で，抵当権の抹消に応じることもあります。しかし，税金の差押解除に関しては，税務官庁は一切聞く耳を持たないというのが現状です。このようなことから，せっかく任意売却の相手を見つけて事業再建の目処が立っていたのに，水泡に帰した事例も見受けられます。

　平成26年9月8日，静岡地裁浜松支部は国保料を滞納していたAさんの不動産を差し押さえていた浜松市に，任意売却より低額な競売手続で当該不動産が売却され，Aさんが損害を受けたとして国家賠償法に基づき損害賠償金の支払いを命じました。通常，公売や競売の売却価格は市場価格の2割落ちであるからその損害は甚大です。

　さて，この事案ではなぜ国家賠償が認められたのでしょう。国税徴収法79条1項は「差押えを解除しなければならない」事由を定めています。一つは納付や充当，課税の取消し等で国税の全額が消滅したときです（1号）。もう一つは無益な差押えです（2号）。本件の場合，任意売却価格が678万円で，優先債権の元金が1,928万円余りあり，一見して明らかに租税債権の徴収は不可能でした。しかも同79条1項2号は，効果裁量を認めたものとは解することはできず，客観的に差押解除義務が生じていた以上は，税務官庁は差押えの解除を行わなければならないのです。徴収職員は差押解除義務が生じているにもかかわらず，職務上通常尽くすべき注意義務を尽くすことなく，漫然と認定判断した結果として差押解除義務を怠ったというわけです。

　筆者が最近見聞した事例では，3回ほど任意売却の相手先を見つけたにもかかわらず国税局は差押えの解除に応じず，公売の実施に踏み切られた例があります。国税局としては，ある程度の揺さぶりをかければ任意納付に応じると考えていたようです。また，無益な差押解除として請願法による請願を行ったが一切無視され回答がなかったという例もあります。

　国税通則法改正に係る納税の猶予等については一定の効果が出ているとの報告もありますが，税務官庁が納税者に寄り添い，事業の再建の助言を行い滞納を解消していくという態度は微塵もありません。今こそ税理士の力が必要となっています。

【藤中　敏弘】

第3章

申告・納期限経過後

第3章 申告・納期限経過後

相続税申告書の提出期限
―相続放棄で法定相続人以外の者が相続人となった場合―

Q 相続税の申告書の提出期限は，通常は人の死亡の日の翌日から10か月以内です。しかし，相続人が次から次へと相続放棄し，法定相続人以外の者が最終的に相続人となった場合，その者はいつまでに相続税の申告と納税をしなければならないのでしょうか。このような場合の申告期限はそもそもいつなのでしょうか。

A 「相続の開始があつたことを知つた日」とは自己のために相続の開始があったことを知った日をいうのですから，相続放棄があった場合の法定相続人以外の者の相続税申告期限は，相続人がその相続について自己の相続権を有することを知った日を起点として，その翌日から10月以内ということになります。

―― 解　説 ――

相続放棄した場合の申告期限

　相続税法27条は，その相続の開始があったことを知った日の翌日から10月以内に申告書を納税地の所轄税務署長に提出しなければならないと規定しています。相続の開始は，一般的には人の現実の死亡によりますから（民法882条），相続人が被相続人の死亡を知った日が，相続の開始があったことを知った日となります。現代のような情報化社会では以前と比べてかなり早い時期にその死亡がわかりますので死亡の日に関して問題となることはあまりないでしょう。

　一方，民法915条の相続放棄は，3か月の考慮期間を与えられているだけでなく，相続財産の内容が複雑で債務の存在や金額を確認するのに相当な時間を要するなどの理由を家庭裁判所が認めれば，さらにその期限は延長できます。このことから，最終的な相続人が確定するまで相当な時間を要することもあります。特に第三順位の相続人にはその傾向が強いでしょう。そうすると，申告期限を相続人が相続の開始（死亡）を知った日から10か月以内とすると相続税の申告書の作成が困難であるだけではなく，相続後の資産の分割，納税資金の調達等にも重大な影響を及ぼすことになります。場合によっては，相続人間で不公平が生じることもあります。

特殊な相続の場合

　相続開始は人の死亡以外にも，相続に特有な事由で相続開始を知ることもあります。死後認知の訴えや胎児，相続人の排除，失踪の宣告などです。これらの特殊な相続について，相続の開始があったことを知った日を被相続人の死亡の日とすることに

は無理がありますので，通達が実務上の取扱いを定めています。

　相続税法基本通達27-4は，上記の特殊事例を例示し，相続の開始があった日をどのように取り扱うべきかを明らかにしています。例えば，認知の裁判が確定し相続開始後に相続人になった者は，その裁判の確定を知った日から起算することにしています。遺贈によって財産を取得した者は，自己のために遺贈のあったことを知った日としています。このように通達は一貫して『相続の開始があつたことを知った日』とは，自己のために相続の開始があったことを知った日としています。

　しかし，他の相続人が相続放棄をし法定相続人以外の者が最終的に相続人になった場合，この通達は明らかにしていません。この点を解明するには，民法と判例から検討を進めなければならないでしょう。

民法と判例から考える

　被相続人の財産・債務は，相続開始と同時に，相続人に移ります（民法882条・同法896条）。ただし，民法は相続人に承認・放棄の制度を設けて，相続を受諾するか拒否するかの自由を認めています（民法915条。旧民法1020条は，法定家督相続人たる直系卑属は，放棄をなし得ないとしていました）。条文は「相続人は，自己のために相続の開始があったことを知った時から3箇月以内に，相続について，単純若しくは限定の承認又は放棄をしなければならない。（以下略）」と定めています。注目すべきは，「自己のために」という相続税基本通達27-4と同じ文言が入っていることです。

　この承認・放棄の解釈について，昔から争いがありました。戦前の判例では，この民法915条（旧民法1017条）の相続人が「自己ノ為メニ相続ノ開始アリタルコトヲ知リタル時」とは，相続人が相続開始により自己が相続人を覚知したときをいう（大決大正15.8.3大民集5-679）とし，この判例は現在も支持されています。もっとも最高裁は，熟慮期間の始点を自己が相続人となったという事実を知った時であるとしながらも，相続財産を皆無と誤信し，かつ，そう信じることに相当な理由がある場合には，例外的に相続財産の存在を確認したときであるとしました（最判昭和59.4.27民集38-6-698）。

　税務訴訟でも，これらの判決を引用する形で相続税法27条の「相続の開始があつたことを知つた日」について判断しています。例えば，金沢地方裁判所の判決（金沢地判平成20.2.12税資258-10891）は相続税法27条1項にいう「相続の開始があつたことを知つた日」とは，自己のために相続の開始があったことを知った日を意味するものと解すべきであって，相続財産の全容が把握できない場合に理由の如何によって申告書の提出義務を免除したり，猶予する旨定めた規定は存在しない，として無申告加算税の賦課決定処分を適法としました。

判例から結論

どうやら判例から，結論が出たようです。「相続の開始があつたことを知つた日」とは<u>自己のために</u>相続の開始があったことを知った日をいうのですから，相続放棄があった場合の法定相続人以外の者の相続税申告期限は，相続人がその相続について自己の相続権を有することを知った日を起点として，その翌日から10か月以内ということになります。

なお，相続税法基本通達27-4に相続放棄があった場合の例示をしていない理由はわかりませんでした。通達冒頭に「<u>自己のために</u>相続の開始があったことを知った日」と明示していることで，その判断は十分にできるとしたのでしょうか。

これを一般的な常識として理解できるように明確化する必要があり，相続税法27条1項に「自己のために」の文言を加筆すべきでしょう。このように明文化した場合，通達に頼ることなく，通常の死亡だけでなく相続に特有な事情も含んで相続の開始の起点を判断できます。検討する価値はあるでしょう。

実務上の注意点

余談ですが，設問の相続人は，被相続人の一親等の血族又は被相続人の配偶者に該当しませんので，2割加算（相続税法18条）の適用があることに注意をしなければなりません。また，相続放棄した者が，被相続人に係る生命保険金や死亡退職金を受け取ることがあります。受領した者は，みなし相続財産として遺贈により財産を取得したことになりますので，あらためて自己のために相続の開始があったことを知った日を判断することになります。この場合，生命保険金等の非課税・死亡退職金の非課税（相続税法12条1項），債務控除（相続税法13条），相次相続控除（相続税法20条）の規定が適用されない点も要注意です。

（櫻井　博行）

コラム　期限を過ぎたらどうする，どうなる

12億3,892万5,000円

　申告書の提出忘れ。これは最もおそれる事態です。件数の多い税理士事務所では提出漏れのチェックも大仕事になります。案外にあり得るのが，所得税は終えたものの3月末期限の消費税の申告漏れ。こんな大事件が起きています。

　平成14年4月～15年3月期の消費税等の申告期限を過ぎて申告書未提出に気付いた会社がありました。その納税額，247億7,850万9,700円であり，さすがにこの額は期限までに納税されていました。関西電力株式会社の事例です。

　期限徒過があれば，その後になされた申告は期限後申告になりますから，5％の無申告加算税が課されます。無申告を税務署から指摘されると15％の割合になる可能性もあります。そして，期限の11日後に申告書を提出した関西電力が支払った無申告加算税は，なんと12億3,892万5,000円というから驚きです。

　その関西電力は，この巨額の加算税は酷だとして裁判所に訴えましたが，ことごとく退けられました。判決文では，「法定申告期限内に納税申告書（期限内申告書）を提出しなかったのは，原告が同申告書の提出を失念していたということに尽きるのであって，これは納税者である原告の責めに帰すべき事由に基づくものにほかならず」（大阪地判平成17.9.16裁判所ウェブサイト）とされています。

期限に遅れた申告

　法定申告期限を過ぎてしまっても，申告はもちろんできます。しかし，無申告加算税が課されることは忘れてはなりません。言うまでもないことですが，「納税申告書を法定申告期限までに税務署長に提出しなければならない」（国税通則法17条）と規定されています。これは義務規定で，期限後申告は任意規定です。では，期限の延長はできないのでしょうか。国税通則法には，「災害その他やむを得ない理由により」，申告等をその期限までにできないと認めるときは，「その理由のやんだ日から2月以内に限り，当該期限を延長することができる」（同法11条）という規定があります。しかし，「やむを得ない理由」はかなり限定されており，「仕事が忙しかった」というような理由では，延長は認められません。

申告はしたが不納付の場合

　関西電力事件の後，「申告書提出の意思があり，2週間以内」であれば，無申告加算税は課さないと法律改正がされ，さらに，納税者の救済制度としては不十分だとされ1月以内に改正されました。「提出の意思」は，過去5年以内に期限内申告していればよいこととされています。

　それでは，期限内に申告はしていたが，期限後納付となったような場合はどうでしょう。加算税は課されず，法定納期限から納付が遅れた期間について，延滞税が課されます。　【岡田　俊明】

Point 27 遺留分の減殺請求に伴う税務手続

Q 相続が発生すると，遺言や生前贈与によって不利な相続を強いられる相続人には遺留分の減殺請求の権利が保障されています。相続対策の重要さが指摘されていますが，対立する相続人から請求されるリスクは大きいものがあります。税務対応は実際にはどのようにすべきでしょうか。

A 法定相続人（兄弟姉妹を除く。）には，遺言によっても侵し得ない「遺留分」という最低限度の遺産に対する取り分が確保されています。この遺留分を請求することを「遺留分減殺請求」といいます。実際には様々なケースが想定されますが，税理士にとってはクライアントの利益を守ることも重要な責務ですので，税務対策は重要になります。遺留分減殺請求の実務についてその理解を早めるためにケーススタディをしてみましょう。

解説

相続税の申告期限までに遺留分の減殺請求がされた場合

1 申告期限までに減殺請求額が確定した場合
　確定した分割割合に従って通常の相続税の申告手続をします。
2 申告期限までに減殺請求額が確定しなかった場合
(1) 遺言がある場合
　　遺留分減殺の効果がない状態で，遺言に従って申告書を作成します。
　（遺言にない相続財産がある場合）
　　・分割が確定している相続財産は分割協議書に従って申告します。
　　・分割が確定していない相続財産は法定相続分により申告します。
(2) 遺言がない場合
　　・遺留分減殺の効力がない状態で，法定相続分により申告します。

相続税の申告期限後に遺留分の減殺請求がされた場合

　減殺請求された時点では，特別な手続をする必要はありません。減殺請求により返還すべき又は弁償すべき額が確定した場合には，以下の手続が必要となります。
1 遺留分権利者【減殺請求の結果，財産を受け取った人】の手続
(1) 期限内申告をしていない場合
　全ての財産が他の相続人に遺贈されていたため，当初申告をしていなかった場合が

ポイント27　遺留分の減殺請求に伴う税務手続

これに当たります。

この場合，相続税法30条（期限後申告の特則）の定めによる期限後申告をすることができます。この申告は，相続税法32条1号から6号に定める後発的事由による期限後申告であるため，実質的に期限内手続と同等の取扱いになり，加算税や延滞税の賦課はありません。（相続税法50条，51条）

(2) 期限内申告をしていた場合

相続税法31条（修正申告の特則）の定めにより，後発的事由による修正申告をすることができます。期限後申告の特則と同じく，実質的に期限内手続と同等の取扱いになります（相続税法50条，51条）。

いずれも期限後申告及び修正申告ができると定めていますので，義務規定ではありません。遺留分の減殺額が確定しても，課税価格の総額に変動がない場合が多いので，相続税の総額に影響がない場合があります。変動のない相続税額の範囲で，納税義務者らがそれぞれ負担すべき税額を当事者間で精算することができれば問題になりません。国の課税債権の総額に変動がない場合は，期限後申告及び修正申告の手続をする義務はありません。

逆に，各自が負担すべき税額の精算が当事者間で解決できない場合，例えば遺留分の返還又は弁済をしなくてはならない者が，当初申告のままでは税負担が過大となる場合は，「更正の請求」を通じて国家に負担すべき税額の精算を求めることができます。

　※　留意すべき点として，相続財産を相続税の申告期限から3年以内に譲渡した場合の取得価格に加算できる相続税額の特例の適用があります。措置法に係る適用要件は，期限解釈は厳密です。例えば，遺留分の減殺請求を行った結果，遺留分権利者が相続開始後5年目に不動産を相続した場合，この特例は使えないとされています。相続税の納税資金が不足しているため，相続財産を売却しなくてはならない場合，特例の適用期限に対する注意が必要です。この点，相続税の納税資金を作りやすくするための制度であることを考慮すれば，後発的事由による相続税の特則に基づく申告期限から3年以内の譲渡であれば，特例を認める制度に改正してもよいのではないでしょうか。

2　遺留分義務者【減殺請求されて財産を渡した人】の手続

(1) 更正の請求の特則

減殺請求により返還すべき又は弁済すべき額が確定し，当初申告等による税額が過大となる場合，相続税法32条（更正の請求の特則）の定めにより更正の請求をすることができます。この場合，減殺の額が確定した日＝その事由が生じたことを知った日の翌日から4か月以内に，納税地の所轄税務署長に対し，更正の請求をすることができます。

(2) 相続財産以外の個人財産を代償財産として渡した場合

相続した不動産はそのままで，別の相続財産以外の個人保有の財産を代償財産として遺留分権利者に渡した場合などがこれに当たります。この場合は代物弁済となり，

111

譲渡所得の申告が必要となります。譲渡価額は時価となります。
3　税務署長の手続
　遺留分義務者から更正の請求の特則に基づいて更正の請求がなされた場合で，遺留分権利者から修正申告等が出されなかった場合，更正及び決定の特則（相続税法35条）により税務署長は更正等の処分を行います。ただし，更正の請求のあった日から1年後か，国税通則法70条による更正又は決定ができなくなる日のいずれか遅い日を経過した場合，税務署長は更正等の処分をすることができなくなります。

受遺者が法人の場合
　遺贈により財産を受けた者が法人の場合があります。例えば，主宰法人の敷地を被相続人が所有していた場合，遺言により法人に遺贈することができます。
1　相続人の手続（みなし譲渡課税等）
　相続税は個人が相続する場合に課税問題が生じるのですから，法人へ遺贈した財産は相続財産から除かれます。その一方で，被相続人が法人へ贈与したことになるのでみなし譲渡課税（所得税法59条）が発生し，相続人は所得税の準確定申告が必要になります。その際に発生する税額は債務控除の対象になります。準確定申告は，相続の開始から4か月以内にしなければなりません。
　さらに，相続財産の中に遺贈を受けた法人の株式が存在する場合，受贈財産を含めたところで株価評価を行います。遺贈により法人の株価評価が上昇した場合は，被相続人以外の株主はその上昇分につき被相続人から贈与を受けたことになります。
2　受遺者（法人）の手続
　法人には受増益が発生します。この場合の課税価格は，相続税評価額ではなく時価になります。この場合，例えば，その不動産がバブル期に高額で取得した不動産の場合であれば，譲渡所得は生じないかもしれませんし，法人が多大な繰越損失を抱え，株価が発生しないような債務超過の会社に遺贈した場合は相続対策で利用できるかもしれません。しかし，同族法人の行為計算否認規定は，相続税法にも定められており，注意が必要です。
3　法人が遺留分の減殺請求を受けた場合
(1) 遺留分義務者【減殺請求の結果，財産を支払う法人】の手続
　減殺請求の結果，法人が代償財産を相続人に交付した場合，その支払った代償財産は法人の損金となります。
(2) 遺留分権利者【減殺請求の結果，財産を受け取った人】の手続
　相続人は，その受け取った代償財産を相続財産に加算されることになります。後発的事由による修正申告や期限後申告の手続は前述と同じです。

（疋田　英司）

コラム 税務調査における提出資料の評価

　税務調査においては，調査官に対し，納税者の申告内容の正当性を担保する資料を提出しますが，資料はどのように評価されるのでしょうか。税理士の活動は，裁判実務において，様々な証拠を提出し，当事者の主張を裏付ける訴訟活動と類似している部分が相当あるように思います。

「証明すべき事実との距離」「信用性」

　裁判実務において，証拠は，「証明すべき事実との距離」，「信用性（信憑性）」という二つの評価基準によって証拠としての価値（証明力）を評価されます。

　「証明すべき事実との距離」というのは，証明すべき事実を直接証明できる証拠か，あるいは証明すべき事実を想起させる程度の証拠かという問題です。

　他方，「信用性」というのは，その証拠の内容の正しさの問題であり，内容を信用するに足りる証拠か否かという評価基準です。

税務調査における「証明すべき事実との距離」

　出金の事実を証明する資料としては，預金通帳の記帳，出金伝票，領収書などがあります。売掛金が発生している事実を立証する資料としては，契約書や発注書などがあります。しかし，それ以外にも証明する資料はあります。例えば，出金の事実は，将来の支払いを約束した弁済合意書や，さらには，出金の直前に他社から同額の入金を受けていたことを証する預金通帳の記帳によっても立証は可能です。また，売掛金が発生している事実は，納品書や原材料の発注書によっても立証は可能です。そして，その資料が，証明すべき事実と遠い場合には，複数の資料を提出し，合わせ技で立証する必要があります。

税務調査における「信用性」

　恣意が介在する余地のない客観的な資料（預金通帳の記帳，映像など）の信用性は高い一方，内容を容易に改変できる主観的な資料（自ら作成する出金伝票，領収書，メール，メモ，陳述書など）の信用性は低いといえます。

　また，同じ領収書，陳述書でも，利害関係のない第三者が作成するものについては，納税者本人など利害関係人が作成するものよりも信用性は高くなります。さらに，納税者本人が作成するものであっても，後日問題が発生してから作成する陳述書より，当時作成していたメモや送信していたメールの方が信用性は高いといえます。

　「信用性」という評価基準と，「証明すべき事実との距離」という評価基準は全く別個の判断基準であり，資料を提出するときには，双方の観点が必要となります。

　このような手法は，税務調査，審査請求において提出する資料の選別についても，参考になるでしょう。

【馬渕　泰至】

第3章 申告・納期限経過後

新しい納税の猶予制度の活用
―納税を分納方式でする方法―

 納税が期限までに難しい場合に，分割納付などができないものでしょうか。

納税者が申告税額を納期限までに支払うことができない場合には，未納部分は，滞納となります。一定期間を経てしまうと，滞納税額となり，差押えや換価処分などの滞納処分に移行してしまいますので，納税の猶予制度を活用することを考えましょう。

解　説

法定納期限までに納付すべき税金が支払えない場合には，滞納処分の対象となるばかりではなく，ペナルティーとして納付するまでの期間に延滞税が課税されます。

平成26年の国税徴収法の改正で，申請型の「換価の猶予」制度が創設され，申告税額の分割納付方式が認められるようになりました。

わが国では所得の確定を納税者が自ら進んで確定する申告納税制度が採用されていますが，徴収分野にも，納税者が自ら申請して分納額を決定する方法が導入されたものといえるでしょう。

換価の猶予制度の見直し

税務署長が，滞納税金を強制徴収しようとする場合，差押財産を換価処分することが一般的手続になります。ただし，一定の要件に該当する場合にはその手続を停止する制度があります。税務署長の職権により差押財産の換価処分の手続を停止して分納を認める制度で，従来からあった制度です。

この従来型の換価の猶予制度は，税務署長の職権により，「納税の誠意が認められる納税者」が，イ．滞納処分によって財産を換価することにより，その事業の継続又は生活の維持を困難にするおそれがあるとき，又は，ロ．その財産を換価するより，猶予する方が徴収上有利であるとき，のいずれかに該当すると税務署長が認めるとき，1年に限り（延長制度があって最長2年まで）その財産の換価を猶予し，分納を認めるというものです。この制度では，納税者から，換価の猶予を申請することができず，税務署長が換価の猶予を適用しない（不作為）ことに対して，不服申立ができないとされていました。

そこで，平成26年国税徴収法の改正において，換価の猶予（申請）が創設され，不服申立にも対応することになりました。この改正の趣旨は，「猶予制度の活用を促進するとともに，滞納の早期段階での計画的な納付の履行を確保する観点から，毎月

の分割納付を条件として納税者の申請に基づき換価の猶予をすることができることとされました。」(「改正税法のすべて(平成26年版)」)と説明されています。思うに,税務署長の職権によって認めた分納方式での納税者の滞納を解決する方法が備わっただけでなく,納税者からの申請という納税者の分納する意思を受けて,税務署長の職権による救済を待たずに,納税者自ら納税緩和措置を求める意思を尊重して滞納を解決していこうとする方法を採用したものであると考えられます。

どういう場合に使えるか

この申請型の換価の猶予制度の適用要件は,

> イ. 国税を一時に納付することにより,事業の継続又は生活の維持を困難にするおそれがあること。
> ロ. 納税について誠実な意思を有すると認められること。
> ハ. 換価の猶予を受けようとする国税以外の国税の滞納がないこと。
> ニ. 納付すべき国税の納期限から6か月以内に「換価の猶予申請書」が所轄の税務署に提出されていること。
> ホ. 納付を困難とする金額があること。
> ヘ. 原則として,猶予を受けようとする金額に相当する担保の提供があること。

ここで,問題となるのは,その要件に,「換価の猶予を受けようとする国税以外の国税の滞納がないこと。」と「納付すべき国税の納期限から6か月以内に『換価の猶予申請書』が所轄の税務署に提出されていること。」とされていますので,6か月より前の滞納税金があるとこの申請型の換価の猶予制度が使えません。この制度が利用できるのは,今後発生する滞納税金について,この換価の猶予制度を利用させようとする場合で,その申請可能な範囲に制限があります。

例えば,平成30年9月末を納期限とする消費税50万円につき滞納が発生し,翌10月に換価の猶予を申請する場合に,次のような分納計画を作ります。消費税の中間納付が31年3月末に25万円が予想され,これを滞納すると換価の猶予が取り消されてしまうので,10月から毎月2.5万円の納付計画にし,31年3月は,27.5万円を支払うものとし,その後の4月からは,7.5万円とします。そのような計画であれば,31年9月末で,延滞税を含めた全ての未納額を完納することになります。

ところで,その消費税中間納付を考えないで,毎月5万円の納付計画では,10回払いで完納できますが,消費税の25万円の納税が困難になりますので,注意しなければなりません。

延滞税の計算は,換価の猶予がない場合の延滞税の額から猶予期間に対応する延滞税の割合が特例基準割合で計算した額を超える部分の金額が免除額とされています。平成27～28年の特例基準割合は1.8%で,29年が1.7%,30～31年は1.6%です。

納税を分納方式でする方法──「納税の猶予」制度

　換価の猶予制度が納期限後の未納税額に関する納付に係る猶予制度（分納制度）であるのに対し，これとは別に，「納税の猶予制度」があります。この制度は納期限内の納付困難な国税に関する納付に係る猶予制度（分納制度）です。

　納税の猶予は，納税者にその事業に著しい損失を受けた等の事実（猶予該当事実）が発生し，さらに，納期限内の国税を一時に納付できないときに，納税者の申請により，その納税額について1年の範囲内（延長制度があり最長2年）で分納できるという，納付に係る猶予制度です。換価の猶予制度は国税徴収法に，納税の猶予制度は国税通則法に定められています。

　この納税の猶予制度も改正されており，平成27年4月1日から適用されています。この改正は7項目で，「担保」「納付方法」「添付書類」の3項目が申請に関しての改正です。この改正により，使い勝手が良くなるのか，従来と同様，実際の適用件数（年間3,000件程度）が少ないままに推移するかは，ひとえに，当局の運用にかかっているものといえます。

一般的な納税の猶予

　納税の猶予制度には，分納制度による一般的な納税猶予制度と震災・風水害等により「相当な損失」を受けた場合に期間を区切って納税を猶予する2つのタイプがあります。後者は臨時的，例外的なものですので省略しますが，分納制度を前提とする一般的な納税の猶予制度には2種類あります。

　その一つは業績の悪化等の事実に起因して納付困難となった場合に適用される「通常の納税猶予」と，もう一つは税務調査による修正申告に伴う増加税額に対する「賦課遅延の納税の猶予」です。

　通常の納税猶予は，納税者がその事業につき著しい損失を受けたこと等の事実（猶予該当事実）があり，その事実に起因して，納税者が納付すべき税金を一時に納付することができないと認められる場合，納税者の申請に基づき納付困難な金額を限度として，1年の範囲内（延長制度があり最長2年）で納税の猶予をするものです。この猶予該当事実は，①災害等又は盗難，②病気又は負傷，③事業廃止又は休止，④事業上の著しい損失，⑤①〜④の各事実に類する事実とされています。

　経営上の業績不振等の事象が発生し納付困難となった場合で，納税者が納税の猶予を申請したいときには，業績不振等の事象が猶予該当事実に該当するかがポイントになります。

　納税猶予は，納税者に申請権がありますので，期限内納付が困難な時は活用を検討すべきでしょう。

（粕谷　幸男）

コラム 税金を滞納したらどうなるか

　税金は，定められた納期限までに払うことが義務付けられており，実際，大部分の納税者は期限内納付を行っています。しかし，世の中，何が起こるかわかりません。近年，大災害が続いており，それが原因で納付困難に陥ることはあるのですから，誰にも起こり得ることです。そして，滞納処分が現実の問題になってきます。

滞納処分は督促が前提

　所得税でいえば，確定申告によって納税額が確定し，法定申告期限及び法定納期限はともに翌年の3月15日ですので，その日を経過して納付できていない場合に「滞納」となります。しかし，滞納になったからといって即滞納処分がされるというわけではありません。

　税務署などの税務行政庁は，「督促状によりその納付を督促しなければならない」（国税通則法37条）とされており，この督促状は，その税金の「納期限から50日以内に発する」こととされています。この督促がなければ，実は，税務行政庁は滞納処分ができないのです。

　そして，納税義務者がこの督促を受けたにもかかわらず，「督促状を発した日から起算して10日を経過した日までに完納しないとき」には，「徴収職員は，滞納者の国税につきその財産を差し押えなければならない」（国税徴収法47条）とされています。滞納処分を免れるタイムリミットは，督促状発付の日から10日ということになります。

財産の差押え

　役所が差押えをするためには，その対象となる財産の把握が必要です。そのために，法は，徴収職員に質問検査権を付与し，さらには，捜索の権限までも付与しているのです。

　差押えの対象となる財産は換価可能なものか金銭でなければなりません。逆に言えば，換価できないものは差し押さえできません。さらには，換価できるものであっても差押禁止財産は差押えできないことは言うまでもありません。

換価と執行停止

　差押財産を金銭に換える処分のことを換価と言います。換価は，原則として「公売」によって行われ，公売は入札又はせり売の方法により行わなければなりません。当然のことですが，差押財産の売却代金等を配当・充当してなお金銭に残余があるときは，「滞納者に交付」されます。

　では，滞納処分をしようとしても，執行することができる財産がないなどの事情がある場合には，滞納処分の執行は停止されます。その執行停止が3年間継続したときに，その税の納付義務は「消滅」します。ところで，滞納者が自己破産しても，税金は非免責債権とされ，免責の対象から外されることは知っておきたいところです。　【岡田　俊明】

Point 29 贈与税申告の来署案内と無申告加算税

父から昨年，金銭の贈与を受けましたが，贈与税の確定申告はしていません。今年に入り，父が亡くなったので，贈与を受けた金銭の額を3年以内贈与財産価額として加算して相続税の確定申告をしようと考えています。昨年分の贈与税の確定申告が必要でしょうか。

A 昨年贈与された金銭について期限後申告しても，贈与税額は，贈与税額控除の対象となるので，相続税額と贈与税額の総額は変わりません。しかし，期限後申告が，自主修正と認められない場合は，無申告加算税が課されます。相続税の申告と同時に贈与税の期限後申告をする必要があります。

解　説

無申告加算税

　期限後申告書の提出があった場合には，期限内申告書の提出がなかったことについて正当な理由があると認められる場合を除き，無申告加算税が賦課されます。相続税の申告書提出後，贈与税の申告について税務署からの来署依頼に応じて贈与税の期限後申告書を提出した場合に無申告加算税が賦課された事例（平成27.2.24 TAINS FO-3-428）で説明します。

調査か，予知されたものか

1　被相続人甲の相続人Xは，相続税申告書を期限内に提出しました。相続税申告書には，相続開始前3年以内の贈与財産価額について，Xが平成24年に甲から現金の贈与を受けた旨の記載があり，平成24年中の出金が記帳され，欄外に「3年以内の贈与に加算」と手書きで記載された甲名義の預金通帳写しが添付されています。なお，Xの平成24年分贈与税申告書の提出はなく，相続税申告書には，贈与税額控除額の記載もありません。

2　Y税務署長は，平成25年10月18日付で，Xに対し「贈与税の申告について」と題する「文書」を送付しました。「文書」には，「あなたの平成24年分の贈与税の申告の要否について調査を行います。」と記載され，来署日時，持参書類として印鑑，質問事項として甲からの現金贈与に関する各日付及び金額並びに「申告と納税が必要と思われます。」との記載がありました。

3　Xは，10月28日に税務署で原処分担当職員乙と面接し，「修正申告等について」

ポイント29 贈与税申告の来署案内と無申告加算税

と題する教示文（税務署控用）に署名押印をしました。教示文には，無申告加算税及び延滞税の賦課並びに無申告加算税の賦課決定処分に対する不服申立てについて記載されていました。
4 Xは，現金贈与を受けたとして，Yに対し，10月31日に，平成24年分贈与税期限後申告書を提出しました。
5 Yが11月5日に期限後申告に対し国税通則法（平成28年3月31日改正前）66条1項を適用して無申告加算税の賦課決定処分をしたので，Xは異議棄却決定を経て審査請求をしました。
　争点は，①本件期限後申告書は，調査があったことにより提出されたものであるか否か，②本件期限後申告書の提出は，国税通則法66条5項に規定する「決定があるべきことを予知してされたものでない場合」に該当するかです。

納税者主張「自主的申告」

①特定の納税義務者の課税標準等又は税額等を認定する目的で行う行為に至らないものは，調査には該当しない。②乙からXに対して，通帳写しの手書き記載内容に関する確認や質問はなく，単に期限後申告の勧奨があったのみである。期限後申告書は，決定処分に至るであろうということを相当程度の確実性をもって予知し得る段階を経て提出したとはいえない。

税務署主張「調査により勧奨」

期限後申告書は，乙の，①机上調査により贈与事実の発見，期限後申告書の提出が必要との判断，②調査を行う旨を記載した文書の送付，及び，③贈与税の申告が必要である旨の具体的な指摘と期限後申告の勧奨により提出された。Xは，調査の内容を認識し，決定があるべきことを予知していた。

審判所は請求を棄却

①乙が相続税申告書及び通帳写しから資料を収集した行為及び乙が行った面接はXの課税標準等又は税額等を認定する目的で行ったと認められる。これら一連の行為は，国税通則法66条5項に規定する「調査」に該当する。
②Xは，面接において，贈与税の申告が必要であり，申告書を提出しなければやがて決定に至るであろうことを認識したといえ，その認識した調査の内容と関連性を有する期限後申告書の提出は，調査を受けたことを原因として決定される可能性があるとの認識によったものと認められる。

「調査」と「予知」

この事例を理解するために，これまでの裁判所の判断をみておきましょう。

国税通則法66条5項の調査については，「調査とは，課税標準等又は税額等を認定するに至る一連の判断過程の一切を意味し，課税庁の証拠資料の収集，証拠の評価あるいは経験則を通じての課税要件事実の認定，租税法その他の法令の解釈適用を含む税務調査全般を指すものと解され，いわゆる机上調査のような租税官庁内部における調査をも含むものと解される。」（東京高判平成17.4.21訟月52-4-1269）とされています。本裁決の判断も同様です。

　「調査があつたことにより…更正〔決定〕があるべきことを予知してされたものでないとき」とは，「税務職員がその申告に係る国税についての調査に着手して，その申告が不適正であることを発見するに足るかあるいはその端緒となる資料を発見し，これによりその後調査が進行し（略）更正〔決定〕に至るであろうということが客観的に相当程度の確実性をもつて認められる段階に達した後に，納税者がやがて更正に至るべきこと（略）を認識する以前に自ら進んで修正申告を確定的に決意して修正申告書を提出」をしたとき（東京地判昭和56.7.16税資120-129）とされています。

「予知がないとき」の事例

　税務職員の臨場調査継続中に届出書の提出不備に気付いた納税者が行った修正申告書の提出は，「調査があったことにより…更正があるべきことを予知してされたものでない」とした裁判例（東京地判平成24.9.25判時2181-77）があります。また，原処分庁職員が，関与税理士に電話により，誤りである旨を告げ，その検討を促して修正申告を慫慂した後の申告書提出は，「調査があったことにより当該国税について更正があるべきことを予知してされたものではないとき」には該当しないとした裁判例（東京高判平成17.4.21訟月52-4-1269）があります。なお，単なる申告案内送付後の相続税の期限後申告書の提出は，「外部から認識することのできる面接調査等が行われておらず，申告案内書及び申告書用紙の送付を受けたにとどまる」として「決定があることを予知してなされたものであるとすることはできない。」（昭和46.3.25裁決）とされています。

税制改正後の取扱い

　税務調査と行政指導の区分は，明瞭であるべきことはいうまでもありません。

　ところで，国税通則法の平成28年改正により，「調査通知」後に提出された修正申告書（期限後申告書）は，「調査があつたことにより…更正〔又は決定〕があるべきことを予知してされたものでない場合」には該当しないこととされました。しかし，「臨場のための日時の連絡を行った段階で修正申告書〔又は期限後申告書〕が提出された場合には，原則として，『更正〔又は決定〕があるべきことを予知してされたもの』に該当しない。」（事務運営指針）という取扱いには変更はありません。この点について留意しておく必要があります。

　　　　　　　　　　　　　　　　　　　　　　　　　　　　（中西　良彦）

コラム 税金の分割納税のためのイロハ

　税理士はどうしても徴収問題の経験が乏しいことから，尻込みする方がいるかもしれませんが，基本的には常識的対応問題であり，要は実践です。
　例えば，法定納期限の直前に「50万円の消費税額が納められない。どうしたらいいでしょう」との相談を受けたとします。その場合，具体的な対応について税務署の徴収部門に電話をして聞けばよいのです。「換価の猶予の申請書及び添付書類を提出して下さい」との返事があるはずです。
　関係書類の作成の流れは，まず，①納付困難の理由の確認，②納期限の時点で「いくら納められるのか」の聴取りと算定をします（現在納付可能資金の調査）。③20万円が即納可能であるときは，その金額を「納期限」までに納めさせます。④残額30万円が「納付困難な金額」つまり，分納対象金額となります。そして，⑤毎月の分納可能額を算定します（見込納付資力調査），⑥毎月の分納額が決まったら，その金額を「換価の猶予申請書」に転記すればよいのです。
　お分かりのように，法律的な知識というより常識問題なのです。猶予申請書等の作成要領は，「猶予の申請の手引」（国税庁）を検索してください。

税理士としての留意点

　税理士として，クライアントに対して，①滞納原因を率直に聴きだし，それが主として納税者自身に問題がある場合（放漫経営等）には，きちんと改善策を指導します。②納期限には「可能な金額」を納めさせ，納期観念を持つよう指導します。また，行政側に対しては，①滞納原因が納税者の責めに無い場合はその旨を強調し，②無理な納付計画の押しつけがみられれば，国税徴収法基本通達152-7を根拠に納税者の実情に沿った対応を求めます。③折衝に当たっては，資金繰り表や収支状況表等を作成して分納計画の根拠を示します。税理士には，これらの努力と工夫が求められます。

猶予制度の活用

　国税も地方税も，納税猶予制度の見直しが行われています。
　分納制度が実務でどのように運用されているのかをみてみると，国税の場合，申請型の換価の猶予を中心にした法定猶予の適用は，積極的に行っています。ただ，長期・累積滞納を対象とする職権型換価の猶予は国税局ごとのバラツキが見受けられます。地方税では，全国的に強硬な徴収手段を先行させており，残念ながら，法定猶予の適用は「意識の外」の感があり，職権型換価の猶予については，あまり適用されていません。こうした実情は，根本的に見直されるべきでしょう。

【角谷　啓一】

税務調査
増税後の相続税調査のターゲット

Q 平成25年度税制改正で相続税の増税がなされたそうですが、税理士業務にどのような影響が考えられますか。

A この改正により、課税最低限が大幅に引き下げられました。平成27年1月1日以降の相続・遺贈について適用されます。相続税申告数は当初の見込みより大幅に増加しています。税理士にとっては大きなビジネスチャンスと言われています。申告業務や相続対策など、様々な分野で業務が拡大する可能性が喧伝されており、税理士向けセミナーも各地で開催されています。そして、当然ですが、税務調査リスクも増加します。

解　説

増税により申告対象が拡大

　従来から確実に相続税の申告が必要とされた高額資産家層の多くは税理士や金融機関などが関与して相続対策を行っている例が多くみられます。一方、今般の改正で申告義務が拡大される層は、これまで税理士に相談する機会も少なく、対策という点でも乏しい状況でした。また、ちまたに流布される不確かな税務情報に振り回される傾向があります。

　税務調査のターゲットになりやすい層は、まさしくこの層（概ね1億円前後までの財産を持つ納税者）です。国税庁は高額かつ悪質納税者の調査に重点を置くとしていますが、現場の税務職員は「目標件数」や「前年対比」という"ノルマ"を達成するために、効率よく調査結果を出せるところに焦点を絞ります。それがこの層でもあるのです。

調査ポイントは名義預金

　この層の相続の場合、配偶者が全財産を相続すれば、申告対象にはなるが、配偶者の税額軽減で税はかからない場合が多くなります。税務調査で新たに発見された財産も配偶者が相続すれば配偶者税額軽減の対象となり、結果的に税金がかからなくなり得ます。だから調査の心配はないと考えては危険です。申告漏れ等の財産が重加算税の対象となる場合、その部分を配偶者が相続しても、その部分には配偶者の税額軽減は使えなくなるからです。

　重加算税の対象となるかの紙一重の位置にある財産の筆頭は、名義預金等です。実

際には「隠ぺい又は仮装」したものではなく「見解の相違」である場合も多いのですが，名義預金の管理状況次第では重加算税の対象とみなされやすくなります。

税理士は，顧客に税務調査リスクの説明をした上で，名義預金の存在を検証しなければなりません。配偶者や相続人名義だけでなく，親族名義預金の管理状況を十分聴き取りし，税理士の洞察力からして，名義人が管理していると認められないような場合は，相続財産に取り込まれる懸念が生まれることを伝えるべきでしょう。

通帳調査は税務調査の入口

通帳は情報の宝庫です。僅少な金額の入金でも，配当や分配金の表示があれば，その元となる財産の存在が問われ，証券会社などとの取引の可能性が生まれます。相続開始後においても財産処分などで，相続人の口座に相続と関係のある動きがある場合も同様です。

多額の入出金は，その行方や経路を確認し，判明しない場合，税務調査では金融機関調査（反面調査）の理由となります。

つまり，依頼者に税務調査対策が必要であれば，関係者の通帳などの確認を申し出ることも必要です。多くの依頼者は表面上の相続財産だけを申告すればよいと考えています。税理士としての経験や洞察力を通じて，精査の必要性を示しておくことが必要です。

税務調査の現場では

調査官の洞察力が自爆を招いたケースがあります。

京都四条の繁華街で老舗店舗を経営する店主の相続税調査での一幕です。国税局課税部資料調査課（料調）による税務調査で，調査の途中，相続人配偶者が「トイレに行く」と応接室を出て，事務室に移動し，200個余りの印鑑を入れた袋を持って，上階の自宅に上がろうとしました。調査官はその行為を不審に思い，配偶者の後を追ってその大量の印鑑の提示を求めました。「相続人が大量の印鑑を隠そうとしていた」との想定に調査官らは色めき立ち，税務調査は名義預金に焦点が絞られました。名義預金は作っていないと釈明しても調査官は聞き入れません。料調は1か月間，大量の調査官を動員して，四条通り界隈の全金融機関で，その印鑑と金融機関の印鑑票の照合を行いました。しかし，ついに不正は発見されず調査は幕切れとなりました。その事業所は，多くの従業員やアルバイトを抱えていて，退職者を含む全従業員の印鑑を保管していたのでした。

現地・現物確認は確実に行われる

相続税の課税は相続開始時点の現況により判定します。したがって，不動産の評価は現地に赴き判断することが原則になります。

過去に，どのような利用の仕方をしていたか，有害物質を排出する工場や病院の敷地であるとか，その土地に隣接していた場合は土壌汚染の可能性も視野に依頼者からの聴き取りも検討します。さらに近隣に暴力団事務所やゴミ屋敷があれば，評価減額の可能性もあります。空港周辺の場合，個別に建築制限などもあります。通達上，減額の規定がない場合もあります。しかし，その時の感覚が大事で，ここから土地評価に対する洞察力を駆使して評価減の可能性を検討すべきでしょう。

地役権の設定された土地の評価が問題になった事例では，登記情報からみて電力会社の高圧電線の下にあることが想定されたことから，税理士はこの登記情報だけを見て，地役権部分の権利を控除して評価し申告しました。しかし，その土地の周辺は電線の埋設工事が進行しており，相続開始時点では電線は存在していませんでした。地権者が電力会社に申し出ることで地役権の解除手続がされており，実態として地役権は終了していたことが判明しました。税理士が現地確認を怠ったことがミスの原因となったのです。

また，美術品の場合，本当に高価で希少価値の高い作品などは美術館などに預けている場合があります。百貨店の画廊で購入した美術品のリストを調べていた調査官が，一つひとつの美術品を確認すると，自宅で確認できない美術品が出てきて，それらは知人の美術館学芸員を通じて美術館に保管されていたのでした。調査官は，美術館の保管リストから他の画廊から購入した美術品を見つけ出し，芋づる式に美術品の申告漏れが判明することになりました。

国税通則法改正後の税務調査

従来の税務調査は，準備調査で大方の調査を終えていました。税務署では相続税申告直後から税務署内外の資料収集が開始され，情報はKSK（国税総合管理）システムに蓄積され，他のデータとマッチングされ金融機関や証券会社などへ文書による反面調査を行い，問題点を抽出してから実地調査に移行するかどうかが判断されていました。

国税通則法改正後，調査は事前通知が原則とされたことから，本調査実施前に反面調査を行うことは原則許されません。このため，税務調査の手がかりはKSKシステムに蓄積された資料と担当者の洞察力です。税理士にはこの点の知識，法的理解も不可欠です。

無防備な納税者にとって信頼できる税理士が必要です。

（疋田　英司）

コラム　税務職員の権限行使と国家賠償

　国家賠償とは違法な行政活動によって生じた損害を国家が賠償する制度で，不服申立て・取消訴訟が機能不全に陥ったときの代替的機能を果たしています。国家賠償制度が，わが国に導入されたのは戦後のことで，それ以前は，「国家無答責の法理」が支配していました。国家賠償を規定する法律は，わずか6条の『国家賠償法』という法律で，1条は公務員が「故意又は過失によつて違法に他人に損害を加えた」ときに賠償責任が生じると規定しています。つまり，税務職員が職務を行う上で，「故意・過失」により納税者に損害を与え，それが「違法」な職務行為によってなされたことが要件となるのです。要件のうち，違法性については，行政行為によって生じた被害に着目し，法の許さない結果を発生させたことが違法であるとする考え方（結果不法説）と，税務職員の行為に着目し，法に違反する行為をしたことが違法であるとする考え方（行為違法説）があります。判例・実務は行為違法説を採用し，特に税務行政における違法性の判断に当たっては，「職務行為基準」という考え方がとられています。

　職務行為基準とは，税務職員の行為に着目し，行為当時の状況を基準として違法性を判断する考え方です。具体的には最判平成5.3.11（民集47-4-2863）で示された考え方です。事案は所得税の更正処分が違法であるとして取り消されても，その更正処分は税務署長が職務上通常尽くすべき注意義務を尽くすことなく漫然と更正をしたと認め得るような事情がある場合には国家賠償法上も違法になるというものです。これは，行政処分の違法性と，国家賠償の違法性とはその判断が異なる（違法性二元論）ということを意味しています。

　税務行政における国家賠償の事例としては，税務職員が資料を検索し，国税庁に照会するなどして，調査すれば容易に確認できたのに，これを怠り誤った申告指導をした行為に違法性を認めています。また税務調査に関し，調査対象者の明確な拒否があるにもかかわらず，調査を続行することは，個々の事案の事情によって税務職員の裁量の範囲内として許容されるものではないとされています。反面調査では，その必要性に欠ける場合，またはその反面調査が当該法人ないし反面調査における質問先の「私的利益との衡量の観点において社会通念上相当」の限度を逸脱した場合は，違法であるとしています。その他物納許可に関して，物納申請から許可までの期間に15～16年要したものが違法ではないとする一方，11年かかったものを違法とした判例もありますが，迅速な行政判断の要請という観点からは，一律に期間の長短基準を定める方が合理的であると思われます。

　税理士はこのような事案に直面した場合は，事実を正確に把握し記録する必要があります。その上で，国家賠償の可能性が生ずることを念頭に毅然とした態度で税務職員に説明責任を果たすよう求めるべきでしょう。

【藤中　敏弘】

Point 31 税務調査
名義をめぐる取扱いに関しての対応①

Q 相続税の税務調査では名義預金が問題とされることが多いとよく聞きます。預金に限らず名義の異なる財産が相続財産となる場合もあるとも聞きました。注意すべき点はありますか？

A 名義預金とは，親族など他人の名義を利用して作られている預金口座でありながら，被相続人が実質支配している預金のことです。相続税調査の際，実質的な支配が被相続人でありながら，親族名義＝相続財産ではないからと申告をしていないケースを狙い目として，調査の主要なターゲットとされています。

しかし，名義をめぐる問題は預金だけではありません。株式や先代名義の不動産など相続税実務では実質相続財産であるかどうかが問題になるなど留意すべき事項が多々あります。

解　説

名義預金の把握はクライアントが開示してくれないと，税理士としての対応は難しい問題です。しかし，名義預金は税務調査の中心的調査項目の一つとされています。税務調査でターゲットにされやすいリスクを伝えるとともに，名義預金と誤解されないための準備をしておかなくてはならないことも説得すべきでしょう。

中には，名義預金を把握する調査によりクライアントの知らない他の相続人名義の財産が判明する場合もあるので，クライアントの利益に通じることもあります。

相続人の一部又は全員が名義預金の存在を知っている場合は，当該預金の管理状況を確認します。被相続人が管理している場合，名義人の認識を確認する必要があります。

名義預金を被相続人が管理している場合

外観上，名義預金は被相続人の所有と判断されます。しかし，ことは単純ではありません。実際にはかなり以前から，相続人らも名義預金の存在を被相続人から知らされており，その管理を被相続人に委託している場合もあります。被相続人からは，お金が必要となればいつでも引き出すからといわれている場合もあります。実際，当面は資金の必要はなく，独身者の場合や配偶者に知られたくないため，実家に預かってもらっているというケースも現実にあるのです。

間の悪いことに，外見上，印鑑も被相続人と同じものを使い，通帳の住所も被相続人の住所のままだと，名義預金ではないかとの疑惑は濃厚になります。

このような疑問を持たれないためには，相続対策として当事者間で預金を預かってもらっているという確認書を作るなどの工夫が必要ですし，税理士が聞き及んだ時点で確認書を作成するような指導が欲しいものです。

もちろん，この確認書の作成は被相続人の生前に行うべきであることはいうまでもありません。

通帳が被相続人の金庫の中にあっても，当事者間の確認書を残してあれば一定の抗弁ができます。ただし，確認書の書きぶりによっては遺贈契約と見られる場合もあるので記載方法には注意が必要です。

名義人が名義預金を管理している場合

問題とされるのは，被相続人が作成した名義預金が，相続開始直前に引き渡される場合です。口座の開設日や口座作成時の伝票の筆跡が名義人以外の場合，銀行などの外交記録などから名義人に引き渡された時期が推定される可能性があります。調査担当者によっては，通帳引渡し時期を贈与の時期として贈与税申告や相続開始前3年以内加算の対象とされる場合があります。

実際には，被相続人の健康不安が高まったため，預金管理を名義人に移管する場合があります。その時点が引渡しを受けた時だと判断できる場合もあります。いずれにしても事実関係を説明できる工夫が必要となります。

預金調査はどこまでやるか

被相続人の生前の収入に対し，金融資産や変形資産（金融資産で購入した資産）が少ないと感じた場合，被相続人だけでなく相続人の預金を調査される場合があります。相続人，関係者名義の預金や資産を購入している場合があるからです。

依頼者の了解が前提ですが，被相続人の預金通帳の調査も最低3年間は追跡する方がよい場合があります。注意深い税理士の中には10年間調べるという人もいます。

相続人の知らないところで，思いもよらない高額な取引が見つかる場合があります。もっとも，その使途が不明な場合は仕方がないですが。

少額の入金であっても利息や配当などが入金されている場合，その原資が相続財産に反映しているか気になるところです。すでにわかっている財産と照らし合わせた結果，相続人が知らない証券会社が見つかる場合もあります。

しかし，過去をさかのぼる作業は手間もかかりますし費用もかかります。現実にそこまで調査すべきかどうかは，相続人と相談の上で判断すればよいでしょう。あくまでも税理士はリスクと可能性を説明しますが，依頼がなければ調査もできません。

名義株の問題

平成2年の商法改正までは，株式会社設立に際しては7名の発起人が必要でした。

その際，出資金の支払いがないにもかかわらず発起人が株主となっている例が多々あります。

このような場合，名義人が死亡して事情の知らない相続人が権利を主張すると会社運営に支障を来す場合があります。このため，当事者が元気なうちに実質名義人に変更することを勧めます。株主名簿の変更は取締役会などの承認が必要となりますので，名義人から名義貸しとの確認書と取締役会の議事録が必要となります。

税務調査では，名義株も問題視されます。通常の株主総会の手続をしているかどうかなど様々な事情を総合勘案して事実認定が行われることになります。

例えば，株主総会が毎年開催されているにもかかわらず，株主総会の案内が一部の株主に行われていない場合など会社法に基づく手続を通じて事実認定を詰めることがあります。同族会社にありがちな会社法の手続面で手抜かりはないか，税理士として常に確認を怠ってはならない点です。

先代名義不動産

また，被相続人が地方出身者の場合，先代名義や先々代名義の不動産が未登記のままとなっている場合があります。現実に不動産を長期にわたり事業承継者が占有しているため，相続財産でないと誤認しても無理はないケースが多々あります。しかし，相談者の郷里で念のために先代名義の固定資産評価証明を取ってみると，承継者の自宅や法人敷地，農地や山林も含めて先代名義のままになっているということがあります。微少な額の不動産であれば問題は少ないですが，意外な面積であるなど，思わぬ金額の物件が未登記であることもあります。「この機会に相続登記を行いましょう」といった指導が必要です。場合によっては，相続人を調べて共有物登記を行い，その上で共有物放棄の登記をすることも考えられます。この辺りは司法書士と相談すべきでしょう。

このように未知の未分割財産が思わぬところから問題となることがあり，相続対策の相談において欠かせないポイントでもあるのです。

実質課税原則はないのか

ところで，所得税，法人税，消費税には実質（所得者）課税の原則が定められていますが，相続税法にはその定めがないという意見があります。これらは所得の帰属をめぐる規定です。

相続税の課税対象となるのは相続財産であり，そもそも名義が定められていない一般動産も相続財産なのです。つまり，名義の有無に関係なく，被相続人に帰属する財産は全て相続税の課税対象になります。したがって，実質課税の原則を定める必要は存在しないといえます。これは相続人間の利害にも影響するものであり，課税庁だけで判断できるものではないことも付言しておきます。

（疋田　英司）

コラム 呼出し調査は実地の調査である

法令上に「調査」の定義はない
　質問検査権の行使である税務調査については，国税通則法に規定があり，適正な課税処分を行うための資料を得ることを目的とした純粋な行政目的のために認められています。しかし法令上には，「調査」そのものの定義づけはありません。

呼出し文書も「実地の調査」に
　調査担当官が，具体的事項を指摘してそれに対する回答を求めるため日時を指定して書類等の持参を求める「呼出し文書」が届くことがあります。この調査が「実地の調査」に該当すると，事前通知や終了通知等の調査手続の対象となります。しかし「実地の調査」に該当しないことになると，事前通知手続や，調査終了の際の手続のうち「調査結果の内容説明」及び「修正申告勧奨の際の教示文の交付」以外の手続が適用の対象外となってしまいます。
　通達では，国税通則法に規定する「実地の調査」とは，国税の調査のうち，当該職員が納税義務者の支配・管理する場所（事業所等）等に臨場して質問検査権を行うものをいうとしていますので，税務署に納税者を呼び出して調査する場合は「実地の調査」に当たらないことになります。
　しかし「広辞苑」では，「実地」とは「実際の場所」，「実際の場合」と説明しています。「実地の調査」を「実際の場合の調査」と解すると，税務職員が納税者を呼び出して具体的質問事項について回答を求めるような調査も「実地の調査」となり，税務調査手続全般が適用されることになります。

税理士に連絡は必要
　呼出し調査が実地の調査に当たらないとしても，税理士法34条では税務官公署の当該職員が，日時場所を通知して調査を行う場合に，税務代理権限証書を提出している税理士には，「併せて当該税理士に対しその調査の日時場所を通知しなければならない」と規定しています。その納税者に税理士が関与しているときは，税理士にも調査の連絡をする必要があり，実務上もそのような取扱いがされています。

税務調査手続を骨抜きにしてはならない
　国税庁の事務運営指針（通達）が，「手続の透明性及び納税者の予見可能性を高め，調査に当たって納税者の協力を促すことで，より円滑かつ効果的な調査の実施と申告納税制度の一層の充実・発展に資する」としていることからも，実地の税務調査には呼出し調査も含まれると捉えて，法の趣旨を生かすことが肝要で，少なくとも税務調査手続を骨抜きにしてはなりません。

【益子　良一】

税務調査
名義をめぐる取扱いに関しての対応②

Q 相続税の調査があり，家族名義預金を申告するようにいわれました。家族名義預金は家族のものであり，調査官の指示や税理士の説得には納得がいきません。どうすればよいでしょうか。

A 名義預金とは，他人の名義を使用しているが，被相続人が管理運用している「相続財産」であるという財産です。相続財産でない財産は相続税の課税の対象にはなりません。税理士の中には，税務署の主張に抵抗できずに税務署の主張にくみするケースがあるようですが，相続財産ではない財産を相続財産に組み入れる必要はありません。このあたりの対応の仕方を考えましょう。

解　説

　名義預金の税務調査のポイントは，通帳や使用印鑑の管理状況を総合的に勘案して判断するところにあります。

　贈与契約書があれば大丈夫という解説も一部にありますが，契約書や贈与税の申告が伴う実態があるかどうかが問題となることも予測されます。逆に，贈与実態がないにもかかわらず贈与契約書を作るということは，重加算税が課される「仮装・隠ぺい」の根拠を自ら作ることになりかねない点も認識しておきたいところです。

　株式や投資信託も同様です。株式は証券会社の調査で解明し，とりわけ銀行の送金の記録や，外交員のメモなどが判断の基準とされる場合があります。同族株式も同様で，株主総会議事録や招集記録など，会社法で定める株主とのやり取りがまったく残っていない場合には，怪しまれる可能性が高くなります。

　特に，株券発行会社であるにもかかわらず名義人が株券を持っていないときは，問題にされます。実際に株券を発行していながら，代表者が全ての株券を預かっていたというケースもありました。ここまでくると，株式不発行会社に定款変更を勧めなかった顧問税理士の力量が問われます。

調査官と税理士のなれあい

　名義預金の対応について通り一遍の理解で顧問先や税務署に対応した税理士の例があります。ここには名義預金だけでなく，税務調査手続など税理士の不勉強の一端が示されています。具体例でみてみましょう。

　税務調査は，被相続人の妻Ａと３名の子（Ｂ，Ｃ，Ｄ）に対し行われました。当初，申告書はＢが所轄税務署と相談しながら作成しましたが，申告期限１か月前になって

ポイント32 税務調査 名義をめぐる取扱いに関しての対応②

準備に取り掛かったこともあって、結果としてかなり雑な申告となっていました。

申告後、税務署から調査通知がありBが電話で受けました。Bは知人から紹介された税理士に調査対応を依頼しましたが、税理士は税務代理権限証書をAだけから受領して税務署に提出し、他の相続人からはもらっていませんでした。

国税通則法は、事前通知を相続人全員に行うか、税務代理人に行うことを求めていますが、調査官はA以外の相続人に行わず、税理士にも行っていませんでした。この点で、税務職員の税務調査開始手続が守られていないばかりか、税理士もそれを問題にすることもなく対応していたのです。相続人らには国税通則法の知識はなく、調査は適法に開始されたものと信じていました。

さらに調査官は、相続人らに対する調査の前に銀行調査をしたい旨を税理士に伝え、税理士は納税者の意思を確認することなくこれを承諾しました。妻Aの税務代理人の行為はAの対応とみなされますが、他の相続人にとっては事前通知なしの無予告調査が実施されたことになってしまいました。

税理士と納税者の"攻防"

銀行調査の結果、調査官は名義預金についての問題点を税理士に通告し、税理士は納税者に修正申告をするよう求めました。

税理士　「家族名義預金の印鑑は１つである。そうだとすると、これは亡父の名義預金だ」
相続人B　「子供は全員独身で同居している。家族の預金通帳は、母が同一の印鑑で管理している」
税理士　「印鑑が同一だと名義預金と判断されると判例にあるそうだ」
B　「たくさん印鑑を作って使い分けるのは面倒。昔から家族の通帳の印鑑は１つにしていたし生活に支障はなかった」
税理士　「子ら全員が自由に使える状態ではなかったではないか」
B　「使う理由がない。給与から自分の小遣いを引いて母に預けていた。生活費はそこから母が工面していたし、子らも無駄遣いすることもなかった。逆に、無駄遣いしないよう親に預金通帳を預かってもらっていた」
税理士　「銀行取引の伝票の筆跡が同一だった」
B　「母が一括して管理していたので当然だ。外交員が書いたものもある」
税理士　「印鑑は分けるべきだった」
B　「印鑑さえ分けておけば問題はなかったのか？」
税理士　「……」

税理士は、説得する術をなくしました。税理士は税務署に代わり調査を行っているようなものでした。このようなことが起きる背景には、税理士が資産税調査に不慣れであることが多いのと、その家族の在り様に寄り添うという姿勢の乏しさからくるといえそうです。

一方，調査担当者は，成績を上げるために決めつけようとする傾向があります。調査の主眼が名義預金であるため，財産評価の誤りなどには目もくれません。とりわけ若い担当者ほど浅慮が目立つ傾向にあり，その上司も資産課税生え抜きでない人だとマニュアル対応になりがちです。画一的な判断基準に税理士が同調した例です。

「質問応答記録書」の作成も

　税務署は相続人Bに「質問応答記録書」への署名押印を求めました。質問応答記録書というのはいわば「自白調書」です。従来，査察などで訴訟維持のため「質問てん末書」を作成していましたが，国税庁が質問応答記録書という統一様式を作成し，一般調査での利用を促しています。

　質問検査権は「犯罪捜査」のために認められたものと解してはならないと法律で定めているにもかかわらず，裁判目的の調書をとるという調査手法には多くの疑問が投げかけられています。

　名義預金の帰属をめぐって，最近，税務署が質問応答記録書の作成を求めるケースが増えています。逆説的にいえば，自白がなければ名義預金を相続財産として認定するのは難しいことを表しているともいえます。

　本件では，質問応答記録書を税務署側が事前に用意していたこともあり，Bは応じませんでした。他方，その場に立ち会っていた税理士は署名して早く終わらせようと勧めたといいます。とはいえ，名義預金をめぐる裁判では，質問応答記録書による自白が根拠となっているものが多々あることも知っておくべきです。

問われる税理士の対応

　この事例は，当初対応した税理士の対応に不満を抱いた納税者から相談を受けて対応した実例です。受任して冒頭から手続違反を問題にしました。この調査官は，どちらかというと税務調査に対する知識が不足がちで，指導も十分ではなかったようです。

　さらに，調査官が納税者の具体的な家庭の事情の説明に対して耳を貸さず，これらの評価に対する具体的な判断を示さず，一方的な主張を繰り返すばかりであったため，論点整理を求めたものの回答がないことから，調査を継続する必要性が認められないと調査の終結を求めました。結局，当該名義預金については問題にされることはありませんでした。

　この事例の場合，結果として税理士は違法な手続を放置したことになります。納税者に不利益を招いた場合，損害賠償請求の対象となりかねないことに留意すべきでしょう。

　適正公平な税負担を求めるのは当然ですが，税務代理人となる税理士は，名義をめぐる判断は時として「えん罪」に結びつきやすいことも肝に銘じて対応したいものです。

（疋田　英司）

コラム 延滞税の免除と嘆願書

　国税通則法63条に延滞税の免除の規定がありますが，この免除には当然に延滞税が免除されるものと課税庁の裁量によって免除されるものとがあります。
　前者の場合には，仮に課税庁が免除しなければ違法となります。後者の場合には，国税局長等がその裁量によって免除するのですから，仮に免除しなかったからといっても，直ちに違法にはなりません。
　実はこの後者の延滞税の免除については，納税者が自ら意思表示しなければ現実には免除されない可能性が高いのです。このような場合には，税務署長の職権発動を促す手段として「嘆願書」を提出することが有効です。その限りにおいて，現代でも「嘆願書」はまだ存在しているのです。筆者にも実際に嘆願書を提出することによって延滞税が免除された事例の経験があります。
　嘆願書とは法令の定める申請，請求に当たらず，もっぱら，提出先の裁量を求める陳情であるとされています。課税庁の実務上も，納税者が課税庁に提出する文書で，この定義に当てはまらないものはそのタイトルが申請書，申立書，理由書等どのようなものであっても「嘆願書」として取り扱われることになっています。
　それでは嘆願書は全く法的に意味のない文書なのかというと，そうではないのです。嘆願書は憲法が定める請願権にその法的根拠があります。憲法16条は「何人も，<u>損害の救済</u>，公務員の罷免，法律，命令又は規則の制定，廃止又は改正その他の事項に関し，平穏に請願する権利を有し，何人も，かかる請願をしたためにいかなる差別待遇も受けない」と定め，国民に対し請願権を認めています。
　この憲法の規定を受けて具体的な請願の方法が請願法に定められ，同法2条は「請願は，請願者の氏名及び住所を記載し，文書でこれをしなければならない。」と書面によることを要件とし，口頭による申立てを認めていません。またその「請願書は，請願の事項を所管する官公署にこれを提出しなければならない。」と定め，その書面を，所管する官公署に提出するものとしています。そして同法5条は「この法律に適合する請願は，官公署において，これを受理し誠実に処理しなければならない。」と定め，請願を受けた官公署に対し受理するだけでなく，誠実に処理する義務を課しています。一般に提出を受けた官公署の義務は「誠実処理義務」といわれていますが，この「誠実処理義務」については，通説は「請願の内容を審理・判定する法的拘束力を生ぜしめるものではない」としています。つまり受理する義務があるのみとしているのです。また，最高裁判例でも，嘆願行為は課税庁の職権発動を促すにすぎないものであり，課税庁はそれに対して何らの応答義務は存しないとされています。
　しかし，これを官公署の単なる受理義務にとどめずに，誠実処理義務を積極的に評価すべきですし，少なくとも，処理のてん末については報告，説明義務があると考えるべきでしょう。

【背戸柳　良辰】

事 項 索 引

あ 行

遺産分割協議 …………… 8, 9, 88
遺産分割審判 ………………… 86
遺産分割調停 …………… 84, 90
遺贈 ……………………………… 7
一般社団法人 ………………… 100
遺留分減殺請求 …… 92, 98, 110
印紙税 ………………………… 13
印紙税法 ……………………… 41
受取書 ………………………… 41
延滞税の免除 ………………… 133
押印漏れ ……………………… 25

か 行

外国人の署名捺印 …………… 79
確定申告 ……………………… 5
確定申告書 …………… 21, 25
がけ地 ………………………… 72
加算税 ……………… 49, 67, 75
家事関連費 …………………… 29
貸金庫 ………………………… 96
家事労働手当 ………………… 39
課税減免要件 ………………… 15
換価 …………………………… 117
換価の猶予 …………………… 121
間接強制調査 ………………… 49
期限後申告 ………… 109, 111, 118
基礎控除 ……………… 2, 6, 39
記名 …………………………… 79
給与所得控除 ………………… 5
行政指導 ……………………… 49
共有財産 ………………… 43, 45
居住者 ………………………… 17
経営革新等支援機関 ………… 20

経営承継円滑化法 …………… 22
更正の請求 …………………… 111
更正の予知 …………………… 57
国外源泉所得 ………………… 17
国内源泉所得 ………………… 17
個人献金 ……………………… 33
国家賠償 ……………………… 125

さ 行

債権法改正 …………………… 10
財産分与 ……………………… 42
債務控除 ……………………… 61
差押解除 ……………………… 103
時価情報 ……………………… 44
事業承継税制 …… 18, 22, 26, 76
事前通知 ……………………… 4
実額控除 ……………………… 5
実地の調査 …………………… 129
質問応答記録書 ……………… 10
質問検査権 ………… 49, 129, 132
死亡退職金 ……………… 7, 108
死亡保険金 ……………… 7, 61
借地権 ………………………… 64
重加算税 ……………………… 123
修正申告 ……………………… 111
修正申告書 ………… 49, 67, 90
収入印紙 ……………………… 13
受益権 ………………………… 31
受益権の放棄 ………………… 31
受益者 ………………………… 31
受益者課税信託 ……………… 39
受益者の変更 ………………… 32
受益者連続型信託 ……… 30, 34
取得費 ………………………… 44
守秘義務 ……………………… 95

純粋な任意調査	49
小規模宅地等の特例	8, 89
使用貸借	64
譲渡	47
譲渡損	47
職権による換価の猶予	63
署名	79
書面提出期限	37
申告期限	71, 106
申告書提出期限	21, 89
申告納税制度	5
申告漏れ	75, 109, 124
申請型の換価の猶予制度	115
申請による換価の猶予	63
信託計算書類	31
信託報酬	39
生活介護型民事信託	38
生活用動産	46
政治資金	33
成年後見制度	38
生命保険金	60, 108
節税	75
葬式費用	8, 61
相続税申告書	21
相続放棄	106
相続法の改正	11
租税回避	14, 51, 75

た 行

第二次納税義務制度	91
滞納	114, 117
立退料	66
脱税	75, 99
嘆願書	133
陳述書	113
撤回	71
電子申告	5, 79
督促	117
特有財産	43

特例後継者	22, 26
特例認定承継会社	22, 27
取下げ	71

な 行

入居一時金	80
任意調査	49
任意売却	103
納税義務者	6, 17
納税地	6
納税の猶予	114
納税猶予	18, 121

は 行

配偶者の税額軽減の特例	8
反面調査	123
非永住者	17
非営利法人型	101
非課税枠	60
非居住者	17, 62
必要経費	29, 39
夫婦の財産	45
負担付贈与	50
普通法人型	101
仏壇	7
不動産管理信託	32, 40
分納制度	116
返戻金	81
保険	3
墓地	7

ま 行

密告	99
みなし譲渡課税	65, 112
みなし相続財産	7, 60
民法改正	10
無申告加算税	109, 118

無利息融資 …………………… 54
名義株 ………………………… 127
名義預金 ……………… 4, 122, 126, 130

や 行

養子縁組 ……………………… 14
預金調査 ……………………… 127
呼出し調査 ………………… 83, 129

ら 行

利益相反行為 ………………… 39
理由附記 ……………………… 87
領収書 ………………… 41, 113
臨場調査 ……………………… 67
路線価 ………………………… 68

執筆者一覧

[編著者]

岡田　俊明
　　青山学院大学大学院法学研究科博士後期課程修了
　　元青山学院大学招聘教授
　　税理士法人白井税務会計事務所・社員税理士
　　元特別国税調査官

[執筆者]（五十音順）

青野　友信
　　税理士法人世田谷税経センター　税理士

小田川　豊作
　　税理士法人宮澤税務会計事務所　税理士

粕谷　幸男
　　KASUYA税理士法人　税理士

角谷　啓一
　　新大和税理士法人　税理士

洪　美樹
　　洪美樹税理士事務所　税理士・行政書士

櫻井　博行
　　さくら中央会計事務所　税理士

背戸柳　良辰
　　背戸柳良辰税理士事務所　税理士・行政書士

中西　良彦
　　中西良彦税理士事務所　税理士

疋田　英司
　　税理士法人京阪総合会計事務所　税理士

藤中　敏弘
　　東海大学法学部教授

益子　良一
　　税理士法人コンフィアンス　税理士

馬渕　泰至
　　みなと青山法律事務所　弁護士・税理士

八代　司
　　税理士法人本川綜合事務所　税理士

相続前，相続後，申告・納期限経過後の3段階からみる相続と税の実務に関する32ポイント

2019年5月15日 初版発行

編著者	岡 田 俊 明	
発行者	和 田 　 裕	

発行所　日本加除出版株式会社

本　社　郵便番号 171-8516
　　　　東京都豊島区南長崎3丁目16番6号
　　　　ＴＥＬ　(03)3953-5757（代表）
　　　　　　　　(03)3952-5759（編集）
　　　　ＦＡＸ　(03)3953-5772
　　　　ＵＲＬ　www.kajo.co.jp

営業部　郵便番号 171-8516
　　　　東京都豊島区南長崎3丁目16番6号
　　　　ＴＥＬ　(03)3953-5642
　　　　ＦＡＸ　(03)3953-2061

組版・印刷・製本　㈱アイワード

落丁本・乱丁本は本社でお取替えいたします。
★定価はカバー等に表示してあります。

Ⓒ T. Okada 2019
Printed in Japan
ISBN978-4-8178-4554-2

JCOPY 〈出版者著作権管理機構 委託出版物〉

本書を無断で複写複製（電子化を含む）することは，著作権法上の例外を除き，禁じられています。複写される場合は，そのつど事前に出版者著作権管理機構（JCOPY）の許諾を得てください。
また本書を代行業者等の第三者に依頼してスキャンやデジタル化することは，たとえ個人や家庭内での利用であっても一切認められておりません。

〈JCOPY〉　ＨＰ：https://www.jcopy.or.jp，e-mail：info@jcopy.or.jp
　　　　　電話：03-5244-5088，FAX：03-5244-5089

同じ契約案件なのに、弁護士・税理士で見方が異なり、
対話がうまくいかない！ということはありませんか？

典型契約の税法務
― 弁護士のための税法 × 税理士のための民法 ―

【監修】**中村芳昭**（青山学院大学法学部名誉教授）・**三木義一**（青山学院大学学長）
2018年4月刊 A5判 500頁 本体4,800円+税 978-4-8178-4472-9 商品番号：40713 略号：典税

【典型契約ごとに、民法と税法の考え方を説明し、すれ違いを解消！】

───【目次（抜粋）・執筆者】───

総論　[木山泰嗣]
税の種類と基本的な仕組み／契約と税法／租税回避・節税と契約／契約関係の段階と課税関係／典型契約以外の課税関係

第1章　贈与契約　[山本悟・道下知子]
書面によらない贈与・による贈与／負担付贈与／死因贈与／法人との贈与契約／履行の時期の認定基準／個人間贈与の課税関係の留意点―対価性を有し、相続関係が生じない者の間の贈与行為の課税関係―／贈与契約と名義変更―贈与契約が成立したものか、単なる名義変更か―

第2章　売買契約　[山本悟・櫻井博行]
第1　売買の所得区分
―売買の所得は何所得に該当するのか―
譲渡所得と事業所得との区別／事業用固定資産を譲渡した場合／事業所得と雑所得との区別／売買であっても不動産所得に該当する場合がある／配当所得になる売買／売買でも源泉徴収する場合がある
第2　売買の時点
―税法上、売買を認識するのは、いつの時点をいうのか―
課税実務上の取扱い／売買の場合
第3　低額譲渡
（個人）　低額譲渡の設例／生活用動産の低額譲渡
（法人間）　法人税法の売買の価額／法人間の低額譲渡／組織再編税制とグループ法人課税制度／消費税法の取扱い／移転価格税制
（個人・法人間）　個人と法人間の売買の価額／個人と法人間の低額譲渡／消費税法の取扱い／棚卸資産の低額譲渡
第4　高額譲渡
法人税基本通達
第5　買戻特約と譲渡担保
課税実務上の取扱い／国税庁通達／設例（不動産販売業者の場合）／不動産取得税と登録免許税の取扱い

第3章　交換契約　[山本悟・櫻井博行]
実務上の条件／借家権をめぐる設例／等価と認識して行った交換

第4章　消費貸借契約　[池田清貴・藤間大順]
贈与か金銭消費貸借か／実はオーナーの無利息融資も完全には安全ではありません／外国の会社に利子を払ったら、日本の所得税を払わなければならない／貸したお金を返してもらえないのに損をしていない？／お金を貸した時点で寄付になる？／借入金を返せないのに税は負担しなければならない？／踏んだり蹴ったりの保証人の救済措置

第5章　使用貸借契約　[池田清貴・峯岸秀幸]
使用貸借か賃貸借か／使用貸借契約と相続税

第6章　賃貸借契約　[池田清貴・峯岸秀幸]
契約成立段階の課税関係―敷金等の課税関係／契約履行段階の課税関係／契約終了段階の課税関係／リース取引の課税関係／借地権の課税関係／賃貸借契約と相続税

第7章　雇用契約　[髙原崇仁・岡田俊明]
労働環境の変化と所得課税／給与所得の必要経費／年末調整／源泉徴収と確定申告

第8章　請負契約　[髙原崇仁・岡田俊明]
収入金額の計上時期／消費税法における取扱い／源泉徴収義務／無償による役務提供／印紙税

第9章　委任契約　[馬渕泰至]
課税対象／事業所得と雑所得／事業性の判断／給与所得の例外（役員報酬）／受任者が法人の場合の留意点／印紙税／報酬の収入計上時期（年度帰属の問題）／課税における委任契約と雇用契約の区別

第10章　寄託契約　[田村裕樹]
ゴルフ会員権の預託金～値下がり分を損益通算できるか～／利子・利息の所得分類／相続税法上の名義預金の扱い

第11章　組合契約　[背戸柳良辰]
匿名組合に対する税法の取扱い／航空機リース（匿名組合）の裁判例／裁判例に関する批判的検討

第12章　終身定期金契約　[背戸柳良辰]
公的年金／個人年金保険／企業年金の減額等／相続税と所得税の二重課税

第13章　和解契約　[田村裕樹]
税務署長と手打ち／和解契約を解除したら更正の請求ができる？／遺産分割を間違えた！／外国法人に払った和解金で源泉徴収義務？／和解したら所得区分が変わった？

〒171-8516　東京都豊島区南長崎3丁目16番6号
日本加除出版
TEL（03）3953-5642　FAX（03）3953-2061（営業部）
www.kajo.co.jp